TURISMO *criativo*

TEORIA E PRÁTICA

Dados Internacionais de Catalogação na Publicação (CIP)
(Simone M. P. Vieira - CRB 8ª/4771)

Almeida, Larissa
Turismo criativo: teoria e prática / Larissa Almeida. - São Paulo : Editora Senac São Paulo, 2023.

Bibliografia.
ISBN 978-85-396-3872-7 (Impresso/2023)
e-ISBN 978-85-396-3873-4 (ePub/2023)
e-ISBN 978-85-396-3874-1 (PDF/2023)

1. Turismo 2. Turismo criativo 3. Turismo (estudo e ensino) 4. Atividade turística 5. Economia criativa I. Título.

22-1772g CDD - 338.4791
BISAC TRV000000
BUS081000

Índice para catálogo sistemático:
1. Turismo 338.4791

LARISSA ALMEIDA

TURISMO criativo

TEORIA E PRÁTICA

Editora Senac São Paulo – São Paulo – 2023

Edição de Texto: Eloiza Mendes Lopes
Preparação de Texto: Ana Lúcia Mendes Reis
Coordenação de Revisão de Texto: Janaina Lira
Revisão de Texto: Karen Daikuzono e Maitê Zickuhr
Projeto Gráfico, Capa e Editoração Eletrônica: Antonio Carlos De Angelis
Fotografia da Capa: Adobe Stock, foto de kleberpicui
Coordenação de E-books: Rodolfo Santana
Impressão e Acabamento: Gráfica CS

Editora Senac São Paulo
Av. Engenheiro Eusébio Stevaux, 823 – Prédio Editora – Jurubatuba
CEP 04696-000 – São Paulo – SP
Tel. (11) 2187-4450
editora@sp.senac.br
https://www.editorasenacsp.com.br

SUMÁRIO

NOTA DO EDITOR

A cultura é matéria-prima essencial ao turismo. Ao viajar, buscamos entrar em contato com outras dinâmicas sociais. Há uma curiosidade natural acerca do que é diferente – e é a cultura que expressa essa diferença.

Com o nascimento de projetos desenvolvidos com o objetivo de valorizar o artesanato por meio do turismo, percebeu-se que a possibilidade de produzir ou estar envolvido na produção de uma peça era o que mais atraía o turista, que passava a valorizar os saberes e as habilidades relacionados com aquele fazer e se conectava diretamente com o território e com as pessoas do local. Os resultados desses projetos indicavam o potencial transformador dessa dinâmica de encontros e levaram ao desenvolvimento do turismo criativo.

Hoje, as pessoas não têm interesse em apenas acumular bens, mas em vivenciar momentos em que possam desenvolver seu potencial criativo. Contraditoriamente, o tempo para desenvolver esse potencial vem se tornando cada vez mais escasso, de modo que as viagens, único tempo livre para grande parte das pessoas, têm se tornado oportunidade para a prática de atividades criativas.

Voltado aos profissionais de turismo e ao público geral interessado no assunto, o Senac São Paulo pretende, com este lançamento, contribuir para a área do turismo criativo, tão nova e alinhada aos tempos atuais.

Aos meus pais,
Marcos e Gorete,
pelo apoio incondicional, sempre.

PREFÁCIO

Eu acredito na capacidade humana de construir um mundo onde há equidade e justiça e também beleza e diversão. Munida dessa crença, trilhei o caminho do desenvolvimento social até descobrir que meu anseio poderia se concretizar se conseguíssemos conectar realidades diversas por meio de suas potências. Eu queria que as pessoas pudessem se encontrar, aprender umas com as outras, entender suas realidades e quebrar barreiras, estabelecendo conexões entre os diversos saberes.

No turismo criativo, encontrei uma maneira de construir minha utopia com elementos que me permitem agir em prol de um desenvolvimento integral, estimulando encontros e conexões de maneira encantadora. O que inicialmente foi situado, pelo senso comum, como pertencente à periferia não é enxergado no turismo criativo apenas em função de sua suposta característica exótica, mas apresentado em toda a sua beleza e em toda a sua potência contidas justamente na diversidade.

O turismo criativo enquanto abordagem tem pouco mais de vinte anos, contados a partir da definição estabelecida por Richards e Raymond, em 2000, e segue em evolução. No início, foi muito associado às artes manuais e aos artesanatos, mas, com a disseminação da prática e com mais destinos se utilizando de seus conceitos, ele foi se transformando. Hoje, vemos a inclusão de todo o espectro da economia criativa, das artes, das manualidades e dos saberes. O turismo criativo se baseia na inesgotável capacidade humana de imaginar e criar.

No Brasil, ele é ainda mais recente, e estamos descobrindo nossa forma de praticá-lo. Cidades como Porto Alegre, Brasília e Recife têm o turismo criativo estruturado por meio de políticas públicas; outros lugares, como Minas Gerais, Pará, São Paulo e Paraíba, já apresentam um ecossistema pujante com várias experiências ofertadas, mas elas estão dispersas, sendo difícil sistematizar e definir o nível de amadurecimento dos destinos em relação a esse turismo. Outra dificuldade para sabermos o grau de desenvolvimento do turismo criativo no Brasil é a confusão ainda existente a respeito do conceito: iniciativas que são desse tipo não se reconhecem ou se nomeiam assim; por outro lado, várias iniciativas que não têm essa natureza utilizam essa denominação para aproveitar a tendência, causando confusão e dificultando o entendimento sobre o que é ou não turismo criativo e qual é o nível de maturidade da atividade no Brasil.

A pandemia de covid-19 mostrou que essa modalidade de turismo atende bem às demandas geradas pelas restrições sanitárias, mas não só isso, também atende às necessidades de sustentabilidade e regeneração do planeta que se destacaram com a crise. É primordial para nossa sobrevivência na Terra que encontremos formas mais saudáveis de convivência, e o turismo criativo nos oferece recursos para lidar com os desafios que emergem desse contexto.

Para mim, o turismo criativo não é apenas uma área de pesquisa, é a maneira que encontrei para entregar ao mundo o trabalho no qual acredito. O turismo nos propicia encontros e, a partir das trocas, podemos ampliar nossa visão de mundo, aprender sobre nossas semelhanças e diferenças, entender nossos lugares e nossos papéis. Com a visão de mundo ampliada, podemos transformar realidades. Quando falo isso, muita gente retruca que a teoria é linda, mas que não sabe como proceder para isso funcionar.

O conteúdo deste livro está ancorado em pesquisa, mas também na minha experiência e nos aprendizados adquiridos nas inúmeras e valiosas trocas com cada anfitrião e viajante e, especialmente, com meus parceiros da Recria. Caminhar ao lado deles nutre minha esperança e fortalece minha vontade.

A seguir, são trazidas as bases teóricas da área, o histórico de seu surgimento, diferenciações entre o que é e o que não é turismo criativo. Entendidos os pilares, passaremos aos estágios de desenvolvimento de uma experiência e aos preceitos dessa prática, e seguiremos olhando para a evolução do turismo criativo no Brasil, os negócios, os empreendedores e as redes. Quem faz? Como faz? Para responder a essas perguntas, teremos casos de iniciativas que mostram como esse turismo se desdobra no dia a dia e reflexões sobre governança e ações de enfrentamento à pandemia. Fecharemos com reflexões sobre sustentabilidade, regeneração e como o turismo criativo pode ser utilizado enquanto plataforma de integração.

O caminho não é simples e às vezes parece utópico – mas só parece. Quanto mais pessoas estiverem observando o mundo com a visão ampliada, formando redes de afeto e confiança, cada vez mais se tornará possível transformarmos a realidade. Apesar de já estarmos experimentando isso em alguns lugares, ainda há muito a avançar, e espero que este livro possa suscitar discussões sobre os fundamentos e as práticas do turismo criativo que contribuam para novas reflexões e discussões a respeito da temática.

Vamos lá?

primeira parte

O QUE É?

ONDE SE ORIGINOU O TURISMO CRIATIVO?

Em 1996, surgiu o projeto Eurotex, que tinha como objetivo valorizar o artesanato têxtil por meio do estímulo ao turismo. A ideia era conectar os artesãos a turistas, aumentar as vendas e cuidar da manutenção dos saberes tradicionais. À medida que o projeto foi acontecendo, percebeu-se que a possibilidade de colocar a mão na massa, de produzir ou estar envolvido na produção de uma peça era o que mais atraía o turista. Ao entrar em contato com o artesanato nesse contexto, o visitante passava a valorizar os saberes e as habilidades envolvidos com aquele fazer e se conectava de maneira direta com o território e com as pessoas do local. Os resultados desse projeto indicavam o potencial transformador dessa dinâmica de encontros e levaram ao desenvolvimento do turismo criativo.

Esse movimento, portanto, encontrou terreno propício para crescer como resultado de uma confluência de aspectos favoráveis para seu surgimento: a valorização da criatividade e da economia criativa e sua aplicação ao turismo; a disseminação das tecnologias de informação e comunicação, que possibilitaram maior liberdade criativa e acesso às criações; a mudança no perfil do consumidor, que, mais do que satisfazer sua necessidade objetiva, busca no bem ou serviço a satisfação de necessidades mais abstratas; e a disseminação da economia da experiência, que traz consigo a cocriação, elemento fundamental para o estabelecimento do turismo criativo.

A partir das pesquisas de Greg Richards, que vem desenvolvendo estudos na área há mais de 20 anos, foram identificados três pilares sobre os quais o turismo criativo se desenvolve: criatividade, consumo especializado e economia da experiência (CARVALHO; COSTA; FERREIRA, 2019).

Criatividade

Como a criatividade e o turismo se encontram? Para falar de criatividade, é necessário, antes, trazer alguma informação sobre o papel da cultura na economia, nos territórios e nos destinos turísticos, além de diferenciar cultura de criatividade.

A cultura é um conjunto de aspectos tangíveis e intangíveis que passam por valores, normas, símbolos, histórias, crenças, entre outros, que compõem a realidade social compartilhada entre os que a integram e, assim, dão forma às relações, às dinâmicas sociais de um território – portanto, é uma condição coletiva. Já a criatividade é a qualidade ou a habilidade de, a partir do olhar apurado e da imaginação, criar coisas novas. É a capacidade de produzir e transformar o ambiente de acordo com as necessidades e se apresenta como um conceito mais relacionado ao indivíduo.

Para Richards e Wilson (2007), a cultura é ancorada no passado, é o que já sabemos e está estabelecido como modo de vida de um local, o que orienta o cotidiano com base nas tradições aprendidas. A criatividade, por sua vez, está ancorada na imaginação, nas habilidades e nos talentos e gera direitos de propriedade intelectual.

A cultura é uma matéria-prima essencial ao turismo – tanto que é possível verificar celebrações sendo redesenhadas ou novas tradições sendo criadas para estimular a demanda turística. Ao viajar, buscamos entrar em contato com outras dinâmicas sociais, há uma curiosidade natural acerca do que é diferente, e a cultura é o que expressa essa diferença.

Mesmo entendendo que turismo e cultura podem andar juntos e gerar benefícios mútuos, muitas pessoas conectadas à cultura veem o turismo como uma ameaça à forma tradicional dela, uma vez que a comercialização gera uma valorização que está mais relacionada ao espetáculo do que ao significado. Além disso, à medida que a expressão tradicional vai interagindo com os turistas, vai também se adaptando para caber na dinâmica da atividade turística, se descaracterizando e perdendo seu valor enquanto manifestação da identidade local.

Essa dinâmica de consumo cultural contribui para uma homogeneização que enfraquece a capacidade da cultura de gerar distinção para grupos sociais, classes econômicas e lugares, e abre espaço para incorporar a criatividade no desenvolvimento de alternativas ao turismo cultural.

A criatividade chega com a função de criar soluções para problemas como a massificação do consumo do turismo, contribuindo com a elaboração de ofertas diferenciadas, maior segmentação do mercado e o atendimento às demandas do consumidor pós-moderno. O uso dela em resposta à homogeneização do turismo cultural gera impactos na oferta e na demanda turística e apresenta novas possibilidades nas formas de consumir e comunicar-se no contexto turístico (RICHARDS; WILSON, 2007).

Embora venha sendo amplamente explorada como solução com bons resultados, a criatividade não substitui a cultura, uma vez que esta é o substrato que torna possível desenvolver produtos criativos com identidade local.

Os impactos do uso da criatividade no turismo extrapolam o segmento. As ações criativas de incremento das experiências de turismo têm potencial para gerar uma ambiência criativa que contamina o território e pode servir de base para o estabelecimento de vantagens competitivas e para o desenvolvimento territorial integrado. É um ciclo virtuoso, como aponta Florida (2002; 2007): à medida que se estimula o uso da criatividade em um ambiente, este vai se tornando mais vibrante, interessante e capaz de atrair criativos que retroalimentam o local; assim, a criatividade se estabelece como estratégia para revitalizar cidades e centros históricos, atrair novos empreendimentos, aumentar a qualidade de vida, criar empregos e impulsionar os números do turismo.

Mas nem tudo são flores no casamento entre cultura e criatividade. Especialmente em áreas urbanas, a precarização das condições de trabalho dos criativos, a desvalorização da cultura, a gentrificação, a reprodução em série (homogeneização) da cultura, a insustentabilidade das políticas públicas e dos modelos criativos são pontos críticos que precisam ser discutidos e sanados nessa relação.

O entendimento do uso da criatividade no turismo foi crucial para o estabelecimento do turismo criativo. Em relação a este, Richards (2013) destaca cinco pontos elementares:

1. A base da economia cultural, que passou de uma política de subsídio à alta cultura para um modelo mais democrático apoiado pelas indústrias criativas e, portanto, mais passível de integrações.
2. A mudança de experiências com base em patrimônios e recursos culturais tangíveis para experiências fundamentadas em recursos culturais intangíveis.
3. A disseminação de práticas colaborativas de criação de conhecimento, como o *crowdsourcing*.[1]
4. A utilização mais frequente de elementos culturais e criativos que fazem parte do cotidiano local na oferta turística das cidades.
5. A introdução de novos espaços e ambientes criativos nas cidades e o desenvolvimento de novos *clusters* criativos.

As mudanças no contexto do uso da criatividade no turismo destacam que, assim como o capital cultural, os capitais criativo e relacional agora são pontos relevantes na decisão do turista.

1 Processo de construção colaborativa de conhecimento que utiliza a sabedoria e os aprendizados coletivos para o desenvolvimento de uma solução.

Consumo especializado

À medida que a sociedade se transforma, as necessidades e os desejos das pessoas também mudam. Logo que nos tornamos capazes de satisfazer nossas demandas básicas por comida e teto, voltamos nossa atenção para resolver anseios mais subjetivos como prestígio e satisfação pessoal. Scitovsky (1976) descreveu esse processo como a transformação de um consumo orientado para necessidades externas a um consumo orientado para necessidades internas, ou do consumo não especializado para especializado.

As transformações nas dinâmicas sociais das últimas décadas do século XX suscitam uma mudança relativa àquilo que é valioso às pessoas. Elas não estão mais interessadas em apenas acumular bens tangíveis, e sim passam a buscar desenvolvimento pessoal e autorrealização por meio de atividades que possibilitam revelar o próprio potencial criativo, como pintar, fotografar, desenhar, cozinhar, etc. Ironicamente, o aumento do desejo por criatividade coincide com a diminuição do tempo disponível para atividades criativas, de modo que as viagens, geralmente o único tempo orientado a ser livre para a maior parte das pessoas, passam a ser oportunidades para a prática de atividades criativas.

O turismo como indústria também acompanhou essas transformações e, especialmente na segunda metade do século XX, facilitado pelo acesso às melhorias tecnológicas que favoreceram as viagens e pela globalização que estimulou os fluxos entre diferentes países, teve grande crescimento, respondendo às demandas sociais vigentes. Entretanto, com o tempo, a massificação do turismo gerou impactos negativos, como a sobrecarga ecológica nos destinos, a superpopulação temporária, o esgotamento dos serviços urbanos, a degradação do ambiente e da cultura local, etc.

Em contrapartida, o turismo cultural surge como o bom turismo, pois acontecia em pequena escala, com tíquete médio alto, e gerava menos impacto, uma vez que seus consumidores em geral eram vistos como mais abastados, "culturalmente educados" e "bem-comportados". Diante disso, vários destinos investiram nesse turismo, de modo que, na década de 1980, houve um aumento na sua procura, e destinos como Veneza e Florença se tornaram o desejo de consumo de dez entre dez viajantes.

No afã de atender à demanda, os destinos aplicaram seus recursos em estratégias de desenvolvimento e em ofertas turísticas similares, que resultaram na massificação do turismo cultural. Resultado: não demorou para que esses destinos se vissem invadidos por turistas-maratonistas, aqueles que viajam para dar check em cada ponto visitado sem aprofundar a visita em nenhum deles. Assim, esses lugares passaram a atrair o turista de massa e a repelir o turista cultural, criando um abismo entre o objetivo do destino e o do turista.

O turista cultural, à medida que viaja, vai se tornando mais experiente e exigente com o tipo de experiência vivida. Ele busca experiências autênticas que possibilitem a ele conhecer o cotidiano do local visitado de maneira profunda e ativa.

O envolvimento criativo do turista no processo de produção e consumo das experiências suscita a cocriação como elemento fundamental do turismo criativo e atende ao desejo de desenvolvimento do capital cultural pessoal, que são aspectos do consumo pós-moderno. Assim, o conceito de consumo especializado em turismo criativo implica uma mudança de valores: da busca por reconhecimento externo prevalente no turismo cultural para uma forma de distinção baseada no estabelecimento de habilidades e de experiências.

Essas características se alinham à economia da experiência de Pine e Gilmore (1999), que influenciou bastante a indústria do turismo. As experiências se tornam um aspecto fundamental da vivência turística, ao passo que a cocriação se revela o processo pelo qual as pessoas podem se engajar em experiências memoráveis e significativas.

Economia da experiência

A economia da experiência surge em um contexto em que os bens e os serviços já não são suficientes para fomentar o crescimento econômico: em um mercado saturado de bens e serviços sem grandes diferenciações, oferecer experiências é agregar valor a seu negócio. Esse pensamento surgiu da observação de alterações nas dinâmicas sociais, mas também alimenta essas mudanças ao estimular a individualidade e o merecimento e relacioná-los a *status* e valorização pessoal. Eis que está criada uma estratégia de marketing que garante a satisfação do consumidor.

Entretanto, quando falamos de turismo criativo, a economia da experiência propagada por Pine e Gilmore (1999) logo se tornou obsoleta, por ser muito artificial, encenada e comercial, de modo que não atendia à necessidade do viajante contemporâneo. Assim emergiu a segunda geração das experiências, que são ancoradas na cocriação entre fornecedor e consumidor, permitindo o desenvolvimento de produtos altamente customizados, e no contexto do turismo de vivências significativas entre visitantes e anfitriões. Richards (2011) ainda aponta uma terceira geração de experiências, as quais são compartilhadas por comunidades de produtores e de consumidores, em que as diferenças entre um e outro praticamente desaparecem. É o caso, por exemplo, de visitantes em residências artísticas, que, ao mesmo tempo que são turistas, estão vivendo de modo temporário no local, assimilando a cultura local, trazendo as próprias referências e cocriando completamente a experiência de aprendizagem.

A definição de criação de valor e o papel dos turistas nas atividades de turismo criativo podem se dar em vários níveis:

- Com base em uma definição prévia do que será cocriado e como se dará o processo de cocriação. Nesse caso, o fornecedor do serviço definirá qual atividade será ofertada e qual será o nível de envolvimento do visitante na experiência. É uma interação mais superficial e controlada.
- Em um segundo nível, é possível ter experiências mais profundas, nas quais o visitante terá diversas chances de experimentar o cotidiano do local. O fornecedor oferece várias oportunidades de cocriação, e o visitante vai se engajar naquelas que fizerem mais sentido para ele. São experiências menos controladas e com a participação ativa do visitante.
- Em um terceiro nível, o visitante tem um papel mais ativo no processo de cocriação. As atividades não são controladas nem orientadas; o visitante

> está vivendo como um local, imerso no cotidiano e, assim, pode ou não escolher se envolver. Nesse processo, o visitante é quem orienta o que vai cocriar, sendo papel do anfitrião estar disponível para a troca.

A cocriação surge como um processo fundamental do turismo criativo no qual todos os intervenientes aplicam os próprios conhecimentos, influenciando o resultado da experiência. A economia da experiência enquanto construto serve de ponto de partida, de inspiração para a dinâmica do turismo criativo, mas a experiência neste vai além de uma encenação ou simulação. O que se busca é que haja um encontro com trocas genuínas em que visitante e visitado possam sentir os benefícios disso.

DO TURISMO CULTURAL AO TURISMO CRIATIVO

A cultura é, inegavelmente, matéria-prima para o turismo desde os primórdios da atividade – vide os *Grands Tours*,[2] que estão na origem do turismo contemporâneo. Entretanto, a relação entre cultura e turismo se fortalece quando se entende que é possível, com uma parceria estruturada, gerar sustentabilidade para ambos: a cultura oferecendo os produtos para a oferta turística, e o turismo retroalimentando a cultura com os recursos captados. Nessa lógica, o turismo cultural estimula o lazer e favorece o conhecimento recorrendo aos elementos culturais do local, como sua arquitetura, seu patrimônio material, seus museus, seus símbolos históricos e eventos de diversas naturezas.

Exposto dessa maneira, pode-se ter a falsa noção de que o turismo cultural é, por si só, uma alternativa sustentável ao turismo maciço de sol e mar, mas essa é uma ideia equivocada. O turismo cultural não gera, obrigatoriamente, um turismo sustentável, inclusive porque, de maneira tradicional, volta-se para as expressões materiais da cultura e se ocupa menos da cultura expressa pelas pessoas no dia a dia, aquela que é criada nas particularidades e vivências do cotidiano. De fato, quando é mal planejado, voltado primordialmente para as formas e menos para os indivíduos e suas histórias, acaba se transformando no turismo cultural de massa.

2 Fenômeno social típico da cultura europeia do século XVIII, era constituído de viagens feitas por pessoas abastadas para destinos reconhecidamente culturais com a finalidade de adquirir conhecimento.

Sim, o turismo cultural de massa tem a capacidade de atrair um número maior de pessoas para um destino, e isso pareceu muito sedutor a princípio. Mas o que se viu depois foi que, investir em quantidade, em vez de na valorização e na integração, gera maior desgaste tanto ao local quanto ao patrimônio, estimula maior concorrência entre os produtos e resulta na desvalorização do produto cultural, levando adicionalmente à perda de sua autenticidade, em um ciclo que empobrece aos poucos o local até seu esgotamento.

Como alternativa ao turismo baseado na massificação da cultura, outro tipo de experiência turística passou a ser valorizada: um turismo de pequena escala, desenvolvido e construído de baixo para cima, com a participação efetiva da comunidade tanto em seu desenvolvimento quanto em sua gestão, conhecido como turismo de base comunitária (TBC). O TBC é mais que um segmento do turismo, é uma tecnologia de desenvolvimento territorial em que a cultura é a cola que une a comunidade local à curiosidade do visitante.

Evidenciando a importância de criar uma alternativa mais sustentável ao turismo cultural de massa, a European Travel Commission (ETC), em seu relatório de 2005, ressaltou que o destaque cultural não se mostra suficiente para sustentar o interesse em determinado destino, uma vez que a demanda intensiva por esse turismo acaba por gerar a massificação do ativo cultural, diminuindo o capital cultural do lugar. Em função desse efeito, revelam-se ainda mais importantes os ativos criativos, aspectos da cultura expressos pelas pessoas com base em seus saberes. Esses saberes abarcam a cultura intangível – as tradições, o imaginário, as histórias, a capacidade criativa –, que, por se ancorar na criatividade pessoal, torna-se uma fonte quase infinita de possibilidades.

Essa orientação está alinhada aos anseios do viajante por experiências que possam ser vividas de maneira mais integral, quase exclusiva, que deram lugar à demanda por atividades moldadas para o indivíduo. E não apenas moldadas, mas também dependentes dele, que pode participar da criação, envolvendo-se ativamente na construção da própria experiência turística, retroalimentando o desejo de descobrir a própria criatividade, em uma dinâmica em que a produção e o consumo não podem mais ser distinguidos, posto que estão intimamente imbricados: o consumidor produz e o produtor consome.

Os anseios do viajante contemporâneo afetaram os produtores da oferta turística, que foram levados a agregar valor ao próprio produto, oferecendo experiências mais integrais, que estimulassem todos os aspectos sensoriais do ser. Diante das mudanças que aconteceram nos processos de produção e consumo de experiências, os destinos não poderiam continuar oferecendo os mesmos produtos de turismo cultural de massa, sob a pena de perder grande fatia do mercado.

Desse modo, com as alterações na natureza do consumo e da produção das experiências e em resposta ao turismo cultural de massa, surgiu o turismo criativo.

DEFINIÇÕES DE TURISMO CRIATIVO

Greg Richards e Crispin Raymond, no início dos anos 2000, situaram o turismo criativo como um nicho dentro do mercado de turismo e o definiram como:

> [...] o turismo que oferece aos visitantes a oportunidade de desenvolver seu potencial criativo através da participação ativa em cursos e experiências de aprendizagem que são característicos do destino de férias onde são realizados. (RICHARDS; RAYMOND, 2000, p. 19)

Essa definição apresenta pontos importantes para o entendimento desse turismo, quais sejam:

- POTENCIAL CRIATIVO: o turista entra em contato com as ferramentas para desenvolver seu potencial criativo e levar para casa mais do que alguns *souvenirs*.
- ENVOLVIMENTO ATIVO: o viajante é parte ativa no processo criativo, o que cria oportunidades para trocas genuínas com as pessoas e a cultura local.
- EXPERIÊNCIAS PECULIARES: a criatividade pode ser exercitada em qualquer lugar, mas nesse turismo é importante conectar o processo criativo ao destino e ancorá-lo na cultura, na criatividade e na identidade locais. Isso requer imaginação ativa tanto do viajante quanto daqueles que fazem parte do destino.

- COCRIAÇÃO: o conceito de turismo criativo carrega em si mesmo a cocriação entre visitantes e anfitriões. A cocriação dá suporte a um conjunto de conhecimentos sobre a forma como as coisas são feitas em parceria por produtores e consumidores.

O conceito de turismo criativo vem evoluindo. Em 2006, a Rede de Cidades Criativas da Unesco definiu turismo criativo como uma viagem orientada a viver uma experiência de aprendizagem autêntica e participativa nas artes, na cultura ou na manifestação peculiar de um lugar, de modo a criar uma conexão com aqueles que residem nessa localidade e contribuir para manter viva essa cultura.

Crispin Raymond (2007), com base em sua experiência no desenvolvimento do turismo criativo na Nova Zelândia, definiu-o como um modelo mais sustentável de turismo que proporciona uma vivência autêntica da cultura local por meio de workshops e experiências criativas. Esses workshops podem acontecer em pequenos grupos na casa do anfitrião ou em ateliês que permitem ao visitante exercitar sua criatividade enquanto se aproxima da população local.

O professor mexicano Sergio Molina, em seu livro *Turismo creativo: el fin de la competitividad*, publicado em 2011 e ainda sem tradução para o português, apresenta-o como uma estratégia de desenvolvimento local com base na participação comunitária, a fim de criar um cenário adequado para interesses e expectativas da comunidade. Esse processo é ativado por parceiros estratégicos, como instituições do setor público, investidores, empresários e organizações não governamentais. Nesse esquema, o mercado atua como uma ferramenta voltada para alcançar os objetivos de fortalecimento econômico e social da comunidade.

Essa ideia reflete, portanto, um modelo de desenvolvimento comunitário em que o turismo criativo se torna uma plataforma de colaboração entre os diferentes participantes do processo, buscando a integração com a comunidade e tendo como base a cooperação entre diversos agentes, o que estabelece relações que valorizam e promovem o desenvolvimento humano, social e econômico. Ou seja, trata-se da valorização da cultura, do ambiente e das pessoas.

Assim como a dimensão comunitária, a dimensão criativa também evoluiu ao longo do tempo. Considerando esses aspectos, em 2014, Greg Richards redefiniu o conceito de turismo criativo como as atividades criativas baseadas em conhecimento que conectam produtores, consumidores e população local, utilizando tecnologia, talento ou habilidade para gerar produtos culturais de significado intangível, conteúdos criativos e experiências aos viajantes e moradores.

Dessa maneira, é possível compreender o turismo criativo por diferentes perspectivas:

- PERSPECTIVA DE MERCADO: o turismo criativo é entendido como um nicho do mercado de turismo.
- PERSPECTIVA DE MODELO DE ATIVIDADE: o turismo criativo é compreendido como um modelo de turismo mais sustentável, com base na experiência criativa de pequenos grupos, na oferta pulverizada entre pequenos empreendedores criativos e sem a participação de grandes operadoras.
- PERSPECTIVA DO DESENVOLVIMENTO TERRITORIAL: o turismo criativo é entendido como uma estratégia. O turismo, por si só, tem o potencial de envolver muitos agentes econômicos de uma mesma comunidade, posto que demanda ampla variedade de serviços. O turismo criativo, especificamente, tem como premissa a valorização dos ativos culturais locais, fortalecendo a cultura e promovendo a autoestima da comunidade. Essas duas características aliadas fazem que esse turismo se apresente como profícua ferramenta de desenvolvimento territorial, uma vez que agrega elementos econômicos, culturais e afetivos, de modo a estimular o desenvolvimento regional integral.
- PERSPECTIVA DAS CIDADES INTELIGENTES: o turismo criativo é compreendido como uma plataforma que conecta os diversos ativos do local e estimula o desenvolvimento de uma ambiência que retroalimenta a criatividade e atrai viajantes e criativos.

Olhando em retrospectiva, Duxbury e Richards (2019) ajudam a traçar um panorama que evidencia o amadurecimento e a evolução progressiva do conceito de turismo criativo, o qual pode ser sintetizado da seguinte maneira:

- Inicialmente, ele é definido por se alicerçar em atividades que propiciam aprendizagem e que são um complemento às atividades produtivas dos anfitriões.
- Com a evolução do conceito, passam a se destacar as interações de aprendizagem que favorecem a maior conexão com aqueles que residem no lugar e que ajudam a manter viva aquela cultura.
- Com seu amadurecimento, o conceito se dirige à ampliação da integração entre o turismo, a economia criativa, os produtores, os consumidores e os territórios. Tudo passa a se interconectar a fim de gerar produtos culturais intangíveis significativos, conteúdos mais amplos e profundos e experiências relevantes.
- Finalmente, ele passa a contemplar um turismo relacional, no qual as atividades são fortemente ancoradas na cocriação de experiências facilitadas por redes entre as pessoas. Esse processo pode ser entendido na perspectiva do microconsumo, combinada com turistas que projetam e cocriam suas atividades criativas e suas experiências sem um destino específico.

Com relação às formas de produção e consumo, o turismo criativo pode ser estimulado com base nas seguintes perspectivas:

- FOCO NA PRODUÇÃO: orientado para os produtores de atividades criativas que podem utilizar as ações que já desenvolvem para propor novas experiências.
- FOCO NO CONSUMO: usa a criatividade como marca do local de destino. Esse aspecto está fortemente relacionado à promoção de atividades que colaboram para uma ambiência criativa que possa despertar no viajante o interesse por vivenciar as experiências do local, motivado pelas oportunidades de aprendizagem e interação.

- FOCO NA COMUNIDADE: quando o turismo criativo é utilizado como plataforma. Por ser uma atividade que não requer grandes investimentos em infraestrutura e cujo elemento principal é o conhecimento endógeno da comunidade, a abordagem do desenvolvimento comunitário está contida nesse turismo e pode ser entendida como um elemento transversal de sua estruturação.

Turismo criativo, portanto, é o desenvolvimento de atividades que têm como objetivo oferecer uma experiência de aprendizagem autêntica e participativa, motivada pelo desejo do visitante de aprender algo peculiar sobre o local visitado e cuja vivência é facilitada por um anfitrião que tem a expressão criativa em questão inserida no próprio cotidiano. Observando esse conceito, é possível perceber que o turismo criativo se ancora na aprendizagem, na cocriação e na integração entre pessoas e delas com o território. Com isso em mente, é possível ampliar o entendimento e aplicar o conceito de turismo criativo nas mais diversas esferas.

Podemos perceber que essas definições e entendimentos sobre o turismo criativo dependem muito do contexto em que ele está sendo analisado, do ponto de vista de quem o está definindo e de quais são suas intenções. À medida que o turismo criativo cresce, o significado e as atividades contidas nele também se expandem para além das experiências de aprendizado inicialmente apontadas por Richards e Raymond no início dos anos 2000.

Além disso, é importante ressaltar que uma perspectiva não exclui a outra: o turismo criativo pode ser utilizado como modelo de elaboração da atividade turística ao mesmo tempo que promove desenvolvimento territorial. Da mesma maneira, pode conviver com outros tipos de turismo. Por exemplo, uma mesma experiência pode ser entendida tanto como de turismo criativo quanto como de turismo de base comunitária (TBC), uma vez que não são conceitos excludentes – inclusive porque carregam em seus cernes uma proposta de valorização das riquezas endógenas do território.

PARECE COM TURISMO CRIATIVO, MAS NEM SEMPRE É

Por ter em sua base o uso intensivo de ativos simbólicos, culturais e criativos, que são recursos que todo território possui, muitos pensam que para desenvolver turismo criativo basta promover algumas oficinas de algum tipo de artesanato local ou levar o visitante a dançar com algum grupo típico. Entretanto, o turismo criativo não é um modelo fechado e bem definido que pode ser replicado em todo e qualquer destino. Ele oferece a possibilidade de o destino se estruturar de modo único e não replicável, recorrendo à sua capacidade criativa.

Diante da flexibilidade na forma de desenvolvimento do turismo criativo – o que é parte do apelo do conceito, que parece ter a capacidade de se adaptar a uma variedade de diferentes necessidades em diversos territórios –, é fácil encontrar exemplos de experiências autodenominadas como esse turismo, mas que não apresentam o básico para serem consideradas como tal.

Turismo com criatividade

Nem sempre uma atividade pode ser considerada turismo criativo apenas por incluir em seu contexto técnicas teatrais, contação de histórias, formas coloridas ou reprodução de músicas. É importante observar as premissas básicas de integração da comunidade local, originalidade, criatividade, aprendizagem, cocriação e cuidado com as relações. Por exemplo, incluir um condutor ou guia de turismo caracterizado como um personagem não transforma automaticamente a atividade em uma experiência de turismo criativo. É necessário haver conexão entre o personagem, a história contada e a cultura do território, ter relação de aprendizagem entre o viajante e o anfitrião. O desenvolvimento do turismo criativo envolve uma tessitura complexa de significados, sentidos, cultura, pessoas e território.

É fundamental perceber que, apesar de a criatividade ser uma fonte inesgotável de possibilidades, nomear tudo que tem cor, som ou é expressão da ação pessoal como criativo contribui para o esvaziamento do termo, além de conduzir à homogeneização das experiências de turismo criativo. Isso pode soar contraditório, uma vez que a criatividade é uma expressão da imaginação, mas não é possível caracterizar como criativa a cópia que se faz de algo criativo.

Turismo de base comunitária

Turismo criativo é turismo de base comunitária?

Essa é uma questão frequente, que surge pela intrínseca relação com o território que ambas as abordagens têm. Turismo criativo pode ser de base comunitária, mas não necessariamente o é. Temos a tendência a querer colocar tudo em caixas bem definidas; tratar o turismo de base comunitária (TBC) e o turismo criativo como nichos ou tipos de turismo é um equívoco, e esse equívoco pode levar à confusão.

O TBC é um modelo de desenvolvimento e gestão de turismo que privilegia a governança local e valoriza as iniciativas endógenas. O ponto forte aqui é ter as pessoas do território planejando, decidindo e operacionalizando a atividade turística. Segundo Silva (2021), o TBC é:

> [...] modelo de gestão que ocorre em escala local no qual a atividade turística é controlada e determinada pela comunidade, de forma cooperada, sem deixar de se articular com o estado e o mercado a fim de potencializar oportunidades de trabalho e renda para os seus habitantes e para fortalecer suas causas coletivas. (SILVA, 2021, p. 80)

Já o turismo criativo, apesar de ter no cerne de seu conceito as atividades endógenas e como resultado o desenvolvimento territorial, não apresenta como premissa ser desenvolvido e operado por iniciativas do território. Assim, é possível ter atividades de baixa integração com o território e que não geram grande impacto territorial. É o caso de grande parte das experiências ofertadas pela plataforma Airbnb. Se pararmos para refletir, a maioria das experiências é de indivíduos que não estão envolvidos com a comunidade ou não a envolvem, ancorando essas vivências em sua relação pessoal com o território e a atividade criativa, sem grandes conexões com outros aspectos do local.

Essa condição de atividade mais individualizada é bastante presente nos países do norte global, especialmente nos destinos com uma comunidade criativa mais bem estabelecida. Já nos destinos do sul global, o turismo criativo quase sempre está imbricado com a comunidade. Essa diferença pode estar relacionada ao fato de nos países com economia criativa mais estruturada o turismo criativo ter uma oferta de atividades operadas pela classe criativa, enquanto nos países do sul global as atividades de turismo criativo estão ainda muito ancoradas na cultura e no cotidiano, sendo operadas por brincantes e pessoas que têm a expressão cultural como valor, como parte significante de quem são, e não apenas como uma atividade laboral, econômica.

Outro fator que contribui para a confusão entre turismo criativo e TBC, especialmente no contexto brasileiro, é o fato de o turismo criativo ter emergido de atividades de base comunitária. A Rede Nacional de Experiências e Turismo Criativo (Recria), organização que contribuiu enormemente para a popularização do turismo criativo pelo Brasil, se originou das experiências de duas comunidades de Recife (PE), por exemplo. Dessa maneira, é muito natural a associação entre base comunitária e turismo criativo.

Turismo de experiência

Outro questionamento frequente que surge é se turismo criativo é turismo de experiência. De modo curto e direto, todo turismo criativo é turismo de experiência, mas nem todo turismo de experiência é turismo criativo.

Experiências são o conjunto de sensações percebidas pelo indivíduo ao ser atravessado por um fluxo de eventos. Essas sensações são particulares e significadas pelos aspectos subjetivos de quem as vivencia; dessa maneira, a experiência é algo particular.

A princípio, toda viagem é uma experiência, entretanto, nem todas merecem ser repetidas ou marcam significativamente nossas vidas, o que nos leva ao entendimento de que experiência é uma viagem que desperta em nós emoções positivas, sentimentos intensos que impactam nosso modo de perceber o mundo. Trigo (2010) explica:

> Para ser uma experiência, a viagem precisa superar a banalidade, os aspectos triviais, estereotipados e convencionais e estruturar-se como uma experiência que nasça da riqueza pessoal do viajante em busca de momentos e lugares que enriqueçam sua história. (TRIGO, 2010, p. 35)

Portanto, turismo de experiência pode ser entendido como aquele que oportuniza a ampliação do conhecimento humano por meio de uma atividade contextualizada, consciente e relacional com o território, consigo e com o outro. É o turismo que oferece ao viajante a possibilidade de, ao visitar o destino, visitar também a si mesmo.

O turismo criativo propicia igualmente a transformação pessoal e a ampliação da visão de mundo. Por isso, o consideramos uma forma de turismo de experiência, mas ele adiciona alguns elementos à equação, como o anfitrião e a cocriação. O anfitrião é peça fundamental na dinâmica do turismo criativo; ele atua como um tradutor do território, ajudando o viajante a ter uma imersão orientada para a experiência que ele busca no contexto das peculiaridades do destino. A cocriação é o processo pelo qual o viajante experimenta o destino na prática – como diria o pensador chinês Confúcio: "O que eu ouço eu esqueço, o que eu vejo eu lembro, o que eu faço eu entendo". A cocriação adiciona uma camada à vivência que reforça a dinâmica de aprendizagem, possibilitando ao visitante que experimente a transformação com todos os sentidos e, assim, tenha uma transformação mais profunda.

Uma experiência é ir a uma feira livre típica da região visitada. O indivíduo terá uma imersão no local, poderá observar as dinâmicas, sentir os cheiros, as temperaturas, perceber os sons, e cada um desses aspectos vai impactá-lo e transformá-lo em algum nível. Ele terá mergulhado no cotidiano do destino e vivenciado a experiência de ir à feira, com os sentidos aguçados e algumas ideias sobre o destino e suas dinâmicas ressignificadas. Outra experiência é ir à feira tendo um cozinheiro local como anfitrião. Esse mesmo indivíduo vivenciará as dinâmicas cotidianas da feira, poderá sentir cheiros e sabores, mas ampliará seus conhecimentos ao entender como a força criativa local atua e qual o sentido e o significado de tudo aquilo para ela. Ele não perceberá apenas por seu olhar, mas pela alteridade, pela troca, e então sua experiência será construída com base na contribuição de cada um e na própria perspectiva, na troca de ideias.

QUAIS SÃO OS ELEMENTOS DO TURISMO CRIATIVO?

Não existe uma receita para o desenvolvimento do turismo criativo. Ele se estabelece com base na combinação de diversos aspectos para gerar um ecossistema favorável ao desdobramento e à retroalimentação das dinâmicas criativas. Um modelo bem-sucedido em um território pode falhar absurdamente em outro com características similares se for realizada apenas uma transposição dele, sem considerar as peculiaridades do local. As peças fundamentais no turismo criativo são: o território, o anfitrião e o viajante.

Território

O território é o espaço que contém todos os recursos. Ele é um recurso em si mesmo que é elaborado pelas relações estabelecidas entre suas partes em um processo de retroalimentação: ele forma ao mesmo tempo que é formado. A dinâmica social do território se expressa por meio das pessoas e das organizações e possibilita a expressão de afetos positivos, como pertencimento, cooperação, confiança e solidariedade, além de afetos negativos, como disputas, tensões e valores concorrentes.

A dinâmica territorial é única no tempo e no espaço. Ela permite que o território apresente nuances e peculiaridades, expressões que são fundamentais para o desenho das atividades de turismo criativo, uma vez que revelam o modo de vida local. É importante distinguir território de destino turístico.

O destino turístico é o espaço elaborado para comercialização, com serviços, acessibilidade, comunicação e atrativos onde os turistas vão passar seu tempo fora de casa. Já o território é o espaço da vida cotidiana que pode ser trabalhado ou não para ser um destino turístico. Inclusive, essa é uma questão que merece atenção, pois percebe-se que, à medida que o espaço é trabalhado para ser um destino turístico, as características do território vão sendo reorganizadas, e a unicidade, que era motivo de atração para o lugar, termina por se homogeneizar, levando ao esgotamento do destino. Mas isso é discussão para outro livro.

Esse cotidiano é construído e apresentado pelos anfitriões de experiências criativas.

Anfitrião

O anfitrião é a pessoa que apresenta o território ao visitante. Ele é alguém que tem inserido em seu cotidiano uma prática criativa intrinsecamente conectada à cultura local para compartilhar. Também tem nessa prática sua conexão com o território e, por isso, para além da técnica, possui ligação afetiva com a prática que compartilha. O papel do anfitrião é facilitar a experiência de aprendizagem do visitante, convidando-o a cocriar esse momento e conduzindo a vivência de modo a estabelecer as conexões entre a prática criativa e o território visitado. Vale a pena pontuar que o anfitrião não substitui o guia de turismo ou o condutor local de turismo; ele é, portanto, responsável por apresentar o território por meio de sua prática criativa.

Mas o anfitrião não precisa ser nativo do território em questão. Uma vez que o território forma e é formado pelas dinâmicas sociais estabelecidas, ao se tornar atrativo para pessoas engajadas em atividades criativas, elas o ocupam e, ao passar a fazer parte da população, também constroem nuances e peculiaridades de si mesmos. Richard Florida (2002), já mencionado, faz alusão a uma classe criativa constituída por pessoas engajadas em atividades criativas e atraídas a um local justamente em função da atmosfera dele. Ser uma cidade atrativa para a classe criativa também acaba por ter um público visitante especializado e interessado em se conectar a essa atmosfera e em aprender sobre ela e com ela. Mais uma vez, a diferença entre o remédio e o veneno é a dose. A chegada de criativos "estrangeiros" pode gerar impactos negativos sobre a comunidade, como gentrificação, desvalorização da cultura local e alterações da autenticidade.

Viajante

É bastante complexo alocar pessoas em categorias, especialmente quando falamos de turismo criativo, que nos dá possibilidades infinitas de experiências bastante diferentes entre si. Entretanto, o que sabemos é que o turista criativo é alguém que busca experiências por meio das quais possa se relacionar intensamente com o anfitrião e que lhe permitam se sentir imerso na cultura local. A conexão pessoal com o lugar e com o anfitrião importa para esse viajante.

Elena Paschinger (2021) aponta cinco perfis de viajantes criativos com base em sua experiência de trabalho na Áustria:

- O CAÇADOR DE EMOÇÕES: está em busca de momentos emocionantes e sempre aberto a mergulhar de cabeça na experiência. Geralmente desafia a própria zona de conforto.
- O TIPO FAMÍLIA: busca experiências que possa realizar com amigos e familiares e que lhe permitam se aproximar de seu grupo de afeto e aprender mais sobre ele.
- O EXPLORADOR URBANO: esse tipo de viajante está sempre em busca de coisas inusitadas nos lugares que visita. Procura escapar das experiências de viagens típicas do destino.
- O EXPLORADOR HUMANO: adora conhecer e se misturar com as pessoas do local, é ávido por conhecer mais sobre as diferenças e similaridades entre as pessoas.
- O SOLITÁRIO CURIOSO: geralmente é mulher e está em busca de compartilhar um momento de viagem com outras pessoas com valores

semelhantes; continua a relação com a comunidade para além do tempo de viagem compartilhado.

Somando-se a esses tipos, é possível identificar mais um, que é o morador do local. No Brasil, o turismo criativo ainda é incipiente e, portanto, as experiências são uma novidade tanto para os turistas como para os moradores. Assim, os habitantes dos destinos consomem as experiências de turismo criativo por serem uma oportunidade de conhecerem a cidade onde moram por outro ângulo, também são uma chance de descobrir bairros, territórios e manifestações a que, de outra maneira, não teriam acesso.

O visitante interessado em experiências de turismo criativo é, portanto, um consumidor especializado, que é ativo no desenvolvimento da experiência. A esse visitante alguns autores também deram o nome de *prosumer*: um consumidor mais envolvido com o processo, que acaba influenciando o desenvolvimento do produto e contribuindo para o surgimento de uma relação de consumo mais complexa. Em outras palavras, esse consumidor está envolvido tanto no processo de produção quanto no processo de consumo do produto, serviço ou experiência turística.

Conforme mencionado anteriormente, e que fica explícito agora, o turismo criativo se baseia em ativos intangíveis, especialmente naqueles que dizem respeito à inteligência do território: histórias, saberes, crenças e práticas. Esse tipo de turismo, além de diversificar a oferta turística e aumentar a demanda do destino, também pode atuar como estratégia de desenvolvimento da atmosfera criativa de uma cidade. Ele contribui, dessa maneira, para a elevação do borogodó[3] local.

3 Borogodó é uma expressão brasileira que se refere à qualidade do que é encantador, mágico. É equivalente ao francês *Je ne sais quoi*, mas carrega um brilho que só o Brasil proporciona.

COMO MONTAR UMA EXPERIÊNCIA DE TURISMO CRIATIVO

A experiência de turismo criativo é um convite para o viajante mergulhar no local pelas visões do anfitrião, por isso não é estática nem definitiva, mas existem processos e princípios que a ancoram. Com base no conceito de turismo criativo e na prática que guia esta obra, chegamos a um grupo de orientações para estabelecer uma experiência de turismo criativo engajadora.

Para começar, é importante ter clara a diferença entre a experiência promovida pelo turismo tradicional e aquela que é promovida pelo turismo criativo. O turismo tradicional, de modo geral, tem sua oferta baseada em elementos tangíveis como parques, monumentos e complexos de lazer; o indicador de sustentabilidade da atividade é a escala: quanto mais turistas, melhor; e o foco da experiência é centralizar os serviços em um mesmo fornecedor, recorrendo a argumentos de venda racionais como otimização de tempo.

Já no turismo criativo, a oferta é baseada em elementos intangíveis, no cotidiano do local, que revela toda sua dinâmica e pujança. As atividades são pensadas para proporcionar uma experiência profunda e sinergética que estimule o estabelecimento de uma relação emocional com o destino, e a sustentabilidade é avaliada a partir do número de iniciativas da comunidade que são mobilizadas por aquela experiência – e menos pelo número de visitantes, que são estimulados a consumir de maneira descentralizada, acessando o maior número possível de iniciativas. O argumento da comercialização é totalmente emocional e recorre a elementos como a conexão com o local e a unicidade da experiência.

Por estar ancorada na criatividade, elaborar uma experiência de turismo criativo é um processo fluido, sem uma estrutura rígida. Entretanto, pode ser difícil lidar com um campo tão aberto e, para fins didáticos, foi estabelecido a seguir um passo a passo a fim de orientar essa construção. As etapas podem acontecer simultaneamente, e uma não é requisito para a outra, embora haja uma lógica nesse caminho. O ideal é testar e encontrar a própria forma de fazer. Chegar ao final de cada etapa – e mesmo de todo o processo – não significa que a elaboração esteja encerrada. Há sempre espaço para revisão, recriação e inovação.

1. Mapeamento cultural

Esta etapa consiste em garimpar os ativos culturais, criativos, tangíveis e intangíveis do território. É a etapa de coleta de tudo o que é interessante, peculiar, que emociona sobre um território. Um saber, um modo de fazer, uma história. Reconhecemos essa riqueza quando nos juntamos à nossa família e surgem as histórias, quando, sem perceber, as pessoas cultivam um hábito. São nesses momentos que encontramos as peculiaridades.

O mapeamento cultural tem algumas etapas. A primeira delas é fazer um toró de ideias[4] para registrar por escrito tudo aquilo de que se lembrar durante um período. Isso pode ser feito sozinho ou em grupo. Não existe certo ou errado. Escreva sem julgamentos. Uma opção é usar *post-its* (fica mais fácil trabalhar com as ideias depois) e escrever uma ideia por papel durante ciclos de 3 minutos. Pode-se fazer quantos ciclos achar necessários.

4 Técnica conhecida também como *brainstorming*.

Algumas perguntas norteadoras são:

- Quais elementos estão presentes no cotidiano do local?
- O que existe no território que o identifica?
- O que emociona sobre o território?

Pode-se criar as próprias perguntas, desde que elas permitam uma reflexão sobre os elementos de relevância cultural, criativa e identitária do território.

A segunda etapa consiste em caminhar pelo território para avistar espaços, lugares, hábitos e fazeres que podem ter passado despercebidos no toró de ideias. É uma etapa de contemplação do espaço, e pode-se aproveitá-la para reforçar as ideias escritas na fase anterior ou para ampliar a lista de elementos relevantes. Neste momento, pode-se encontrar um tipo de caligrafia recorrente em placas, uma construção carregada de histórias, uma árvore sob a qual as pessoas namoram, etc. Vá com olhos, ouvidos e coração abertos.

A terceira etapa é conversar com as pessoas. Encontrar membros interessantes da comunidade que possam lhe contar histórias sobre o local: o padre da paróquia (que esteja há mais tempo no lugar), um morador antigo, um vendedor ambulante. Mas converse também com pessoas mais jovens; essa é uma boa maneira de saber como as práticas tradicionais são ressignificadas no cotidiano, além do que é relevante atualmente e do que tem potencial para ser vivenciado.

Durante todo o mapeamento, não se esquecer de registrar tudo o que encontrar, cada ideia que tiver, mesmo que pareça louca ou irrelevante inicialmente. Também é interessante recorrer a diversas formas de registro: texto, foto, vídeo, desenho – a que preferir. Esses registros serão importantes para o desenvolvimento da experiência e podem trazer *insights* à sua prática. O mapeamento cultural demanda uma imersão no território, por isso, reserve um tempo durante o planejamento a essa atividade.

FIGURA 1. Exemplo de um toró de ideias sobre comidas tradicionais pernambucanas.

2. Recorte temático

O recorte temático consiste em agrupar os elementos que foram mapeados na etapa anterior por similaridade ou complementaridade. É formar grupos de atrativos de modo a estabelecer uma narrativa que entregue a identidade do território. Podem-se agrupar os elementos por categoria: pesca, por exemplo, reunindo diversos pescadores que têm diferentes práticas relativas à mesma atividade. Outra opção é reunir por similaridade: gastronomia, incluindo produtores de matéria-prima, como pescadores, agricultores, cozinheiros, produtores de utensílios de cozinha e comedorias – tudo está ligado pela gastronomia. A temática é o fio condutor que vai dar liga aos elementos e conduzir a imersão.

Algumas perguntas norteadoras são:

- O que é peculiar?
- O que constitui um tema?
- Como esse tema se conecta com o território?
- Como os elementos se ligam entre si?
- Que história esses elementos, uma vez reunidos, contam?

Pense nos elementos como peças de um quebra-cabeça que, combinadas, podem contar diversas histórias. Ao final, você terá vários grupos temáticos, e um mesmo elemento pode fazer parte de vários grupos. Contemple e sinta como os grupos se conectam a você, à história que você quer contar, ao que faz sentido para seu cliente, a outros grupos de elementos que integram o território.

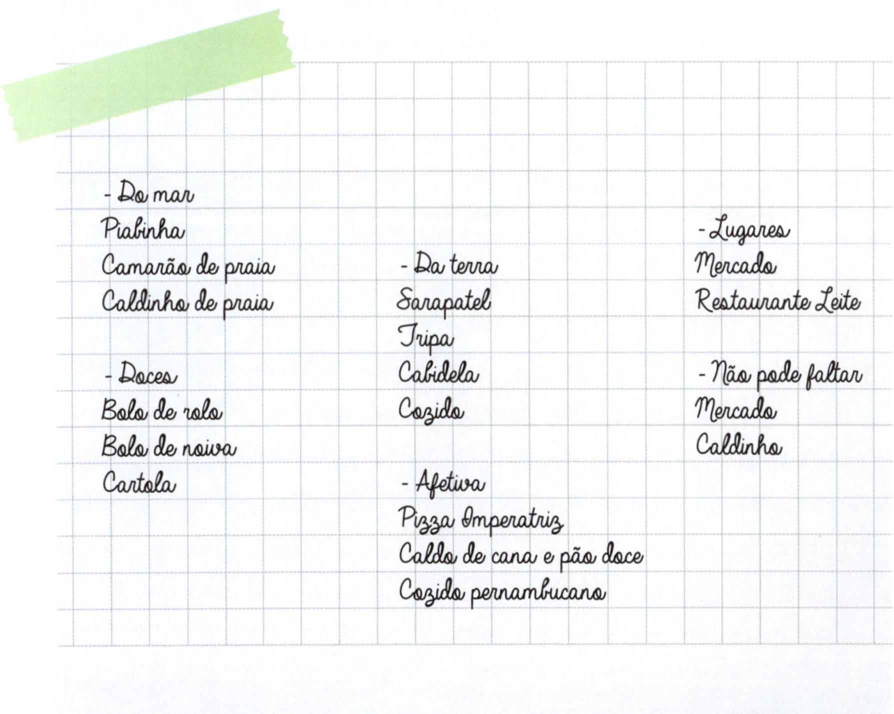

FIGURA 2. Exemplo de sistematização do toró de ideias.

O que foi construído nesta etapa não deve ser descartado – você sempre poderá voltar a esse recorte quando precisar de ideias ou de uma revisão da narrativa, dos parceiros e das combinações.

3. Pensando a experiência

Agora, descreva o passo a passo de sua experiência. Registre detalhadamente tudo o que deve acontecer e como. É hora de pensar nos detalhes, no tempo de cada etapa, qual condução será dada para que as pessoas apreciem a vivência, e para que você, anfitrião, não se perca na condução.

Algumas perguntas norteadoras são:

- FORMATO: será a pé ou de bicicleta? Será oficina ou imersão?
- DURAÇÃO: qual a duração da experiência? Quanto tempo é necessário para executar cada uma das etapas? Verifique o tempo mínimo necessário e o máximo possível para que haja uma margem de segurança para lidar com viajantes mais lentos ou aqueles apressadinhos que fazem tudo rápido e podem desviar a atenção do grupo.
- COCRIAÇÃO: qual é a atividade de cocriação de sua experiência? Em que momento os viajantes vão colocar a mão na massa? Há um espectro amplo de atividades que respondem à cocriação. Use sua imaginação. A dica aqui é que o viajante precisa se sentir parte ativa, integrada e corresponsável pela experiência.
- SENTIDOS: como os sentidos são ativados? Como despertar as emoções dos participantes? Aqui vale usar os cinco sentidos do corpo, mas também serve para pensar: como ativo as emoções? Você pode usar músicas, contação de histórias, decoração, vídeos, cheiros... A criatividade é sua amiga.

Liste o passo a passo da experiência e inclua horário, tempo estimado de cada atividade e o tempo total da vivência, as atividades que estimulam os sentidos, o elemento de cocriação, quem são os envolvidos na experiência e quais as responsabilidades de cada um.

QUADRO 1. Exemplo de registro do passo a passo de uma experiência

HORA	ATIVIDADE	QUEM/ONDE	RECURSOS
10h	Caminhada pela rua do Imperador até o Mercado de São José	Anfitrião: Larissa Almeida	Arquitetura História Vendedores ambulantes de comidas
11h	Experiência de comprar insumos no Mercado de São José	Anfitrião: Thiago das Chagas e feirantes do Mercado de São José	Estimular os participantes e interagir com os ingredientes
12h	Parada na comedoria Buraco do Sargento. Cada participante é convidado a preparar uma bebida com os insumos comprados no mercado	Anfitrião: Thiago das Chagas e Sargento	Insumos encontrados no mercado, bebidas e complementos disponíveis na comedoria

4. Com quem contar?

A tarefa aqui é identificar as pessoas que podem contribuir para aprofundar a experiência que você está propondo. Quais negócios ou iniciativas são complementares à sua e que o ajudarão a contar a história do lugar escolhido? É hora também de listar as parcerias necessárias e as já existentes e como elas podem contribuir com sua experiência.

Turismo criativo é uma atividade que não tem muito sentido de ser realizada individualmente, pois dessa maneira a característica de imersão no território se perde. Quer dizer que não posso oferecer uma experiência isolada, na minha casa, apenas? Não, você pode. Mas a imersão cultural do viajante no território fica aquém do que ela poderia ser. Por isso, as parcerias são tão importantes para a elaboração de uma experiência de turismo criativo. Elas enriquecem a vivência, ativam a economia do território e fortalecem o capital social. Turismo criativo é integrado. Além disso, ao se organizar em rede, o empreendedor ganha corpo e capacidade operacional, conseguindo, assim, se relacionar com o mercado e fortalecer o negócio.

5. Planejamento

Depois de idealizada a experiência, é hora de planejar como você fará para que ela saia do papel. O que precisa ser feito até que ela esteja pronta para ser comercializada?

Uma opção neste ponto é o uso de uma ferramenta chamada 5W2H,[5] que é uma planilha de atividades que, depois de preenchida, dá uma ideia das tarefas e dos recursos (pessoas, tempo e dinheiro) necessários para tirar seu projeto do papel.

QUADRO 2. Estrutura da ferramenta 5W2H

O quê?	Como?	Quando?	Por quem?	Quanto custa?	Onde?	Por quê?
São as macroatividades que você deve desenvolver para realizar seu projeto. É possível pensar nelas como os objetivos: por exemplo, fazer mapeamento cultural.	Refere-se às tarefas necessárias para que a macroatividade seja cumprida. Por exemplo, listar todos os ativos culturais do território, visitar o grêmio da escola.	Os prazos para que as tarefas sejam cumpridas. Lembre-se de especificar com dia/mês/ano, e não "daqui a 15 dias".	Quem são as pessoas responsáveis pelas tarefas? Quando se trabalha com muita gente, é importante saber quem procurar no momento que precisar de uma informação.	Essas tarefas demandam dinheiro? Se sim, quanto? Esse registro servirá para saber quanto precisará ser investido.	Inclua o local onde as tarefas podem acontecer. Isso é relevante especialmente se você precisar articular parcerias para conseguir um espaço.	Quando há diversas pessoas envolvidas nas tarefas, é importante informar qual é a relevância das tarefas, de qual etapa elas fazem parte e como impactam o projeto como um todo.

5 5W2H é uma ferramenta de gestão utilizada para elaborar o plano de ação. Ela consiste em uma série de 7 perguntas (feitas em inglês, de onde vem seu acrônimo): *what*? ("o quê?" – o objetivo); *why*? ("por quê?" – o motivo); *who*? ("quem?" – o responsável); *when*? ("quando?" – a data); *where*? ("onde?" – o local); *how much*? ("quanto?" – o custo); e *how*? ("como?" – o processo).

Inclua no planejamento vários testes de sua experiência e convide pessoas de vários perfis para esse momento. Faça pelo menos três testes com grupos diferentes:

- TESTE COM AMIGOS: pessoas que, mesmo que tudo dê errado, não deixarão de confiar em você e que são íntimas o suficiente para lhe dizer toda a verdade. Este teste serve para identificar o que funciona ou não, se os tempos planejados estão adequados, se há algum ponto de controle crítico que precisa ser ajustado.
- TESTE COM ESPECIALISTAS: pessoas do mercado com quem você tenha aproximação e que possam dar uma opinião técnica sobre a experiência. Neste teste, vislumbre questões como acesso e aspectos que possam tornar a experiência mais interessante para a operação e a comercialização.
- TESTE COM CLIENTES: alguns clientes habituais, aqueles que já se tornaram amigos, e pessoas com o mesmo perfil de seus clientes. Aproveite para observar como se comportam durante a vivência, se há momentos de baixa de energia, se estão confortáveis e, claro, peça um *feedback* sincero.

Esses testes servem para você ver como é a operação na prática, quais são os pontos de atenção, o que pode dar errado, se seu planejamento realmente está adequado à realidade. São muitas as questões a serem percebidas. Colete o retorno dessas pessoas e faça os ajustes necessários para que sua experiência fique redonda, pronta para seguir os próximos passos.

Depois de desenhada e testada a experiência, você ainda tem um longo caminho a percorrer. Não basta ter uma ótima experiência, é preciso pensar em vários outros aspectos até a chegada dos viajantes, como:

- CLIENTE: conhecer o cliente é fundamental para planejar toda a sua operação. Onde encontrá-lo? Do que ele gosta? Quem o influencia? E, a depender do que descobrir, você pode adaptar sua experiência ao perfil de seu cliente ou buscar quem é o cliente para o que você está propondo.

Esse trabalho com o cliente não se encerra nunca. É importante procurar ouvir e alinhar expectativas.

- OPERAÇÃO: como vai acontecer a operação da experiência? Qual é a logística envolvida? Quais são os pontos de atenção? Qual é o plano de contingência caso algo não previsto aconteça? Como o cliente vai comprar? Como vai receber? Quem deve falar com os parceiros?
- COMUNICAÇÃO: a comunicação o apresenta e revela para o mundo seus valores. Por isso ela requer atenção e planejamento cuidadoso. É se comunicando que você se relaciona não só com os clientes, mas também com os parceiros e com outros atores do ecossistema.
- COMERCIALIZAÇÃO: quais canais serão usados? Como o cliente vai ter acesso a seu produto? Qual é o caminho que ele percorrerá até chegar a você? Parcerias para comercialização, precificação, política de comissionamento, rendas indiretas – são muitas questões que precisam ser pensadas estrategicamente para que seu cliente consiga chegar até você com uma experiência positiva.
- GESTÃO: tudo o que você faz precisa ter um processo de planejamento, execução, acompanhamento e avaliação.

Não espere estar tudo 100% planejado para começar a realizar. Tenha em mente que planejar é importante para que você tenha noção do que vai encontrar, mas não fique parado. É na ação que a gente constrói, por isso, siga o ciclo: testar, implantar, avaliar, ajustar e fazer de novo. O trabalho é contínuo, portanto, ter uma rede que ofereça suporte e possa ajudar a fortalecer esse trabalho é fundamental.

PRINCÍPIOS NORTEADORES DAS EXPERIÊNCIAS DE TURISMO CRIATIVO

Para uma experiência de turismo criativo, é preciso ter em mente alguns elementos primordiais a fim de que se estabeleça uma conexão genuína e seja gerada uma transformação nos envolvidos. Os elementos a seguir têm inspiração na economia da experiência de Pine e Gilmore (1999).

- ATIVIDADES QUE FAZEM SENTIDO: essa premissa vale para o anfitrião, o território e o viajante, e está relacionada à maneira de ver ou de pensar das pessoas envolvidas. Mas é preciso também fazer sentir, estimular os sentidos – visão, audição, tato, paladar e olfato. O objetivo é promover uma sinestesia, de modo que a experiência acesse uma emoção que imprima a experiência na memória.
- AFETIVIDADE E EMOÇÃO: no turismo criativo, recebemos as pessoas em nosso espaço íntimo, seja a casa, o ateliê, a cozinha, o território. Assim, é como se recebêssemos um amigo que nos visita. É uma prática altamente relacional, e nas relações não pode faltar afeto e emoção. A experiência não pode deixar de incluir atividades que estimulem o afeto, o carinho, a alegria e que ajudem a estabelecer uma conexão afetiva entre o visitante e o território visitado. Essa experiência tem um grande potencial de gerar um cliente defensor, aquele que divulga e defende o destino.

- APRENDIZADO: oferte atividades que incentivem a criatividade e que representem uma novidade para o visitante, estimulando o pensamento livre, flexível e original e proporcionando a aprendizagem de novas habilidades.
- AÇÃO: ofereça atividades que proporcionem experiências físicas, que estimulem o visitante a colocar a mão na massa, a fim de que ele mesmo perceba o desenvolvimento de novas habilidades criativas. É comum nos depararmos com pessoas que chegam para uma atividade de turismo criativo dizendo que não sabem fazer nada e que, ao final, acabam por se surpreender com o que conseguem depois que se permitem.
- EMPATIA E RELACIONAMENTO: normalmente, vivenciar o turismo criativo coloca as pessoas fora da zona de conforto, e, embora elas tenham buscado aquela experiência, podem demonstrar certa resistência. Assim, é preciso ter empatia e sensibilidade para perceber as nuances e, com jeito, conduzir a experiência de modo que todos os participantes sejam integrados a ela.
- TROCA DE CONHECIMENTOS: ela é básica no turismo criativo. E não apenas do anfitrião para o viajante, mas no sentido contrário também; por isso, é importante reservar tempos e situações em que essa troca de conhecimentos possa acontecer. Por exemplo, conhecer um artesão de couro que produz gibão e conversar com um vaqueiro a fim de compreender o significado daquela indumentária para ele e para sua atividade coloca o turista em contato direto com a cultura local, proporcionando uma experiência pessoal que tem o poder de alterar profundamente a relação desse turista, em seu retorno para sua cidade de origem, com o próprio trabalho.
- COCRIAÇÃO: todos os itens anteriores contribuem para que haja a cocriação da experiência. Ela não se limita apenas a fazer algo; é a condição de corresponsabilidade que anfitrião e viajante têm na construção da experiência de aprendizagem proposta. A cocriação é o elemento que integra os universos e faz que todos os envolvidos sejam relevantes para

o resultado da experiência. Esse fundamento dá a tônica do produto turístico criativo porque é o processo que mistura a ação criativa e a aprendizagem resultante da relação estabelecida entre o visitante e a comunidade visitada.

Os elementos apresentados são a base para qualquer experiência de turismo criativo. No entanto, Tan, Kung e Luh (2013; 2014) chamam a atenção para questões adicionais que precisam ser consideradas no planejamento e na elaboração de uma experiência turística criativa. São elas:

- CONSCIÊNCIA: este é um pré-requisito que não depende do anfitrião e se apresenta como uma condição interna do visitante, tendo relação com seu próprio despertar. O visitante precisa estar disponível e consciente dessa disponibilidade a fim de vivenciar uma experiência transformadora. A consciência se conecta com o sentido, uma vez que a vivência precisa fazer sentido para ele. Dessa maneira, é interessante buscar meios de perceber qual é a abertura do viajante e oferecer a ele experiências que estejam adequadas a seu nível de consciência. Pode ser bastante frustrante, tanto para o anfitrião quanto para o viajante, se deparar com uma experiência para a qual não se está preparado, porque o viajante não vai se engajar na experiência, e o anfitrião talvez sinta que sua experiência não é boa o suficiente, quando, na verdade, há apenas uma incompatibilidade entre a disponibilidade do visitante e a intensidade da experiência.
- DESEJO: envolve descobrir por que as pessoas querem se engajar em uma atividade de turismo, compreender o que elas buscam na experiência. Elas desejam novidade? Relaxamento? Diversão? Vivência social? Além de entender o que as pessoas buscam, pode-se e deve-se estimular o desejo a partir da comunicação nas ações de promoção do destino para o visitante.
- CRIATIVIDADE: é a dimensão que traz os desafios, a novidade, o componente experiencial. Alinha-se com a ação, com a identificação e com a

singularidade da experiência. A criatividade toma forma nos resultados da experiência, quando o visitante percebe o que "ganhou" com aquilo que viveu, seja algo tangível, como um *souvenir*, ou intangível, como algum tipo de transformação pessoal.

- INTERAÇÃO: é preciso identificar os fatores que facilitam e estimulam o aprendizado e a interação, como o tamanho dos grupos, o conforto do ambiente, o repertório cultural, a desenvoltura e a capacidade de conexão do anfitrião.

Para que o turismo criativo aconteça, não nos limitamos a aplicar apenas um dos elementos mencionados. É interessante que utilizemos um conjunto de elementos, a fim de potencializar a experiência e intensificar o envolvimento com o destino. A forma não parece ser uma questão; como a criatividade é infinita, é possível combinar e encontrar muitas maneiras de oferecer a experiência. Algumas delas são: eventos como festivais e feiras; oficinas, que são uma atividade isolada de aprendizagem; imersões, que se caracterizam pelo tempo e pela profundidade da experiência, geralmente durando mais de um dia e oportunizando um mergulho na dinâmica local, como no caso de uma residência artística; e roteiros, que são experiências que envolvem diversas atividades, que, combinadas, proporcionam uma visão ampla e multifacetada do território.

Além dos tipos de experiências, também é válido se atentar para a intensidade delas. É comum acontecer de, no afã de querer satisfazer o visitante e mostrar tudo o que o destino tem a oferecer, desenhar experiências intensas, profundas, quando, na verdade, é importante ter diversos níveis de intensidade para ajustá-las de acordo com o público, com o tempo disponível, com a programação da viagem, etc.

Para além das questões criativas e sinergéticas, também vale lembrar daqueles aspectos que são básicos à entrega de qualquer serviço: higiene, pontualidade, cordialidade e atenção com o cliente. Questões como segurança e ambiência são necessárias em qualquer serviço, mas no turismo criativo elas ganham um ponto a mais de relevância. A segurança é imprescindível porque o visitante precisa se sentir seguro para se abrir à experiência, afinal, ele está experimentando fazer algo que não domina em um espaço que não conhece. E a ambiência está relacionada à beleza, à paisagem, que, embora essencial para qualquer serviço, ganha ainda maior pertinência no contexto do turismo criativo, por estimular a criatividade e o bem-estar.

DESENVOLVIMENTO DO TURISMO CRIATIVO NO BRASIL

O Brasil tem se posicionado na vanguarda do desenvolvimento do turismo criativo na América Latina (RICHARDS, 2018). Além das três cidades apresentadas neste capítulo, outros destinos têm iniciativas de turismo criativo desenvolvidas, entretanto, não há uma unidade organizativa. Elas estão dispersas pelo território, como as cidades de João Pessoa, Areia e Campina Grande, na Paraíba, a cidade de Belo Horizonte, em Minas Gerais, e a de São Paulo, em São Paulo. O estímulo ao estabelecimento do turismo criativo no mundo é feito por organizações como universidades, institutos de fomento à cultura e ao empreendedorismo, e pela política pública, o principal meio no contexto brasileiro. Vejamos como isso se desenrolou a partir dos planos de turismo criativo existentes no país.

Porto Alegre

Porto Alegre foi a primeira cidade a desenvolver uma política pública para a implantação do turismo criativo no Brasil, em 2013. Impulsionada por um cenário de crescimento mundial e local do turismo e de valorização da economia criativa, o turismo criativo foi escolhido como estratégia de diferenciação competitiva. A justificativa para isso residiu no ineditismo da proposta; esperava-se que ela atraísse curiosidade, gerando fluxo turístico e mídia espontânea – o que se mostrava uma estratégia com alto potencial de desenvolvimento e baixo custo de implantação. Outros pontos levantados foram a diversidade cultural e criativa, principal diferencial turístico do destino apontado pela existência de atrativos culturais já formatados dentro do conceito de turismo criativo; o fato de Porto Alegre possuir a titulação de segunda cidade mais criativa do Brasil pela Secretaria de Economia Criativa; o setor criativo contribuir fortemente para o PIB do estado; a existência de programas governamentais municipais direcionados para o fomento da produção cultural e intelectual, como o Núcleo de Economia Criativa (NEC), criado pela prefeitura de Porto Alegre (2013).

O plano está integrado à política pública de economia criativa e apresenta como objetivo geral implementar e desenvolver o turismo criativo no município de Porto Alegre como fonte de diversificação da oferta turística e de fomento à sustentabilidade cultural, social e econômica local. Já como objetivos específicos, apresenta a valorização da cultura local, contribuindo para a preservação do patrimônio tangível e intangível do destino e a consequente promoção de novas formas de sustentabilidade cultural local; o enriquecimento cultural e a melhoria da hospitalidade decorrente das trocas de experiências entre turistas e residentes; uma maior independência da sazonalidade do destino, o que o viabiliza como alternativa para baixas temporadas; a agregação de setores locais que não possuíam conexão direta com o turismo, como tecnologias sociais, ciências e design, fomentando suas atividades e gerando novas alternativas de renda; e a diversificação da oferta do destino e a possibilidade de complementação de outras modalidades de turismo (PORTO ALEGRE, 2013).

Percebe-se que a política pública de turismo criativo de Porto Alegre apresenta forte alinhamento com a primeira e a segunda fases do conceito: como um nicho, uma oferta de produtos diferenciada e fortemente ancorada na cultura do local. Nota-se também a intenção de integrar os segmentos da economia criativa, como preconiza a terceira geração do conceito. Entretanto, nas orientações do plano, não foram identificadas ações com potencial integrador dos produtores, consumidores e território, de modo a garantir uma conexão ampla. Isso é condizente com o período histórico e com a maturidade do conceito de turismo criativo, uma vez que essa foi a primeira experiência de implantação de turismo criativo e a quantidade de informações sobre a prática ainda era pequena.

A criatividade é bastante enaltecida no documento, o que reflete não só o momento de valorização da temática, mas também o cenário das políticas públicas para o segmento no Brasil, que, em 2011, criou a Secretaria de Economia Criativa, ligada ao Ministério da Cultura. Essa constatação se alinha com a ambiência que favoreceu o surgimento do turismo criativo e explica o investimento nele como potencial propulsor de desenvolvimento.

O plano apresenta o turismo criativo também como estratégia de desenvolvimento econômico, mas com um modelo mais tradicional, de ações orientadas mais para o mercado e menos para o fortalecimento do território.

O estabelecimento de ampla oferta de atividades de turismo criativo em Porto Alegre enfrentou algumas dificuldades, como a falta de constância na oferta pelos empreendedores das experiências e a falha na integração para a comercialização entre o *trade* turístico e as iniciativas de turismo criativo. Essas atividades acabaram por se consolidar como turismo de galpão e a integrar o tradicional evento gaúcho conhecido como Acampamento Farroupilha. O foco das atividades em uma manifestação folclórica, mais do que na vida cotidiana, parece demonstrar a falta de integração da classe criativa da cidade, o que pode ser consequência do baixo envolvimento comunitário no desenrolar das ações.

Houve mudanças na gestão, e o programa se descontinuou, com falta de tempo para o amadurecimento das ações. Isso também contribuiu para que o turismo criativo na cidade não se ampliasse para muito além das atividades oferecidas durante o Acampamento Farroupilha. O turismo criativo é uma atividade relacional, e relacionamentos levam tempo para serem construídos. Entretanto, mesmo sem a mobilização direta do poder público, o turismo criativo já está disseminado, e as atividades seguem acontecendo organizadas pelos anfitriões do Movimento Tradicionalista Gaúcho (MTG).

Brasília

Em 2015, percebendo o turismo criativo como tendência do mercado mundial e como uma demanda de diversificação dos segmentos para o enfrentamento da competitividade, Brasília decidiu elaborar seu plano e justificou essa decisão afirmando que:

> Brasília desponta no cenário nacional como uma cidade culturalmente particular, refletida no conceito urbanístico e arquitetônico, na sua forma de apropriação dos espaços públicos e, principalmente, no movimento empreendedor que se construiu, ao longo dos últimos anos, num terreno fértil e extremamente propício para a realização e aplicação do conceito de turismo criativo.
>
> Surgem novas atividades e empreendedores incorporados à cadeia econômica do turismo, que contribuem para manter e inovar as tradições, festejando a identidade e criando ambiente favorável para novas ideias a partir do olhar e do pensar a cidade de outras formas e ângulos, dando margem à criatividade. (BRASIL, 2016, p. 27)

Para a construção do plano, foi proposta a adoção do turismo criativo como estratégia para o desenvolvimento que vislumbrava a diversificação econômica provocada pela integração de territórios e áreas do turismo e economia criativa. Essa orientação foi indicada como estratégia transversal para a integração das políticas públicas da cidade, tanto que o documento apresenta premissas orientadoras que vão muito além do cuidado com o desenvolvimento do turismo, estando voltadas também para o cuidado com o cidadão.

A elaboração do plano aconteceu em nove etapas que valorizaram o trabalho colaborativo entre as diversas instâncias governamentais e a sociedade. Nas etapas de elaboração do plano, havia atividades de discussão sobre a criação do plano; debates e troca de ideias sobre o turismo criativo, suas nuances e sua execução; oficinas de construção de estratégias com os segmentos turístico e da economia criativa; além de:

> [...] visitas técnicas a espaços culturais ou atrativos ícones; entrevistas com representantes do Conselho de Turismo, técnicos das Secretarias de Estado que possuem interface com o turismo, parceiros institucionais, agentes do *trade* turístico, formadores de opinião e empreendedores criativos da cidade. (BRASIL, 2016, p. 32)

Foi realizada também uma avaliação preliminar do plano pelos envolvidos em sua elaboração, uma apresentação do plano ao Conselho de Desenvolvimento de Turismo do Distrito Federal (Condetur/DF) e, em seguida, à sociedade.

O objetivo a se alcançar com o plano é "tornar Brasília um destino turístico de excelência no mundo e despertar no brasileiro o orgulho por sua capital" (BRASIL, 2016, p. 36). Como objetivos específicos, o plano almeja:

> - Despertar o interesse dos gestores, setores e segmentos da cadeia produtiva do turismo para a importância do turismo criativo como forma de diversificar a oferta dos produtos e serviços de Brasília.
> - Fomentar oportunidades de negócios criativos junto aos empreendedores da cadeia produtiva do turismo.
> - Produzir dados, disseminar informações e mobilizar os empreendedores para a formalização de setores "criativos", de modo que se constituam redes de produtos e serviços da cadeia produtiva cooperada e dinâmica.
> - Criar condições técnicas e de promoção de roteiros autoguiados qualificados, facilitando o acesso dos portadores de necessidades especiais. (BRASIL, 2016, p. 36-37)

O plano de turismo criativo de Brasília também apresenta proposta de intervenções criativas na cidade em alguns pontos turísticos e temas icônicos do destino, como a criação de um Museu do Rock, o desenvolvimento de uma trilha sonora poética para a cidade que some música e patrimônio e, ainda, intervenções em pontos existentes, como a Torre de TV e o Parque da Cidade (BRASIL, 2016).

Para o acompanhamento e a avaliação das ações, foi proposta a formação de um grupo de trabalho técnico que possa mensurar a efetividade delas. Os indicadores de desempenho escolhidos foram:

- Geração de divisas – importância na economia.
- Geração de postos de trabalho – formal e informal, alta estação, sazonalidade.
- Participação do turismo no PIB de Brasília.
- Capacidade e ampliação da oferta.
- Demanda anual medida por períodos ou temporadas a partir de pernoites registrados nos meios de hospedagem.
- Perfil do turista.
- Efetividade dos canais de distribuição.
- Impactos das ações de promoção e marketing. (BRASIL, 2016, p. 77-78)

Percebe-se no plano de Brasília uma forte orientação para o uso do turismo criativo como estratégia integradora da cidade com seu entorno, dos segmentos econômicos e das ações do governo que coincide com a terceira fase de evolução do conceito, justificada pelo amadurecimento que a temática já havia alcançado no momento de elaboração do plano e pelos aprendizados possíveis com o exemplo de Porto Alegre. Outro ponto que reforça a nuance relacional do plano é a adoção da colaboração em seu desenvolvimento, a intenção de estimular o surgimento de redes de cooperação para a elaboração da oferta e a proposta de que os resultados sejam acompanhados por um grupo de trabalho. Ao mesmo tempo, o documento tem foco prioritário no consumo ao ter como objetivo utilizar a criatividade para estabelecer a marca do destino.

Esse plano apresenta o turismo como estratégia para a integração da gestão. Isso pode ser visto como um ponto positivo, uma vez que, sendo a cidade a matéria-prima do turismo, precisa-se da interação entre os diversos aspectos da gestão pública para se estabelecer um destino de sucesso. Esse ponto é sempre mencionado, mas poucas vezes executado; assim, vislumbrar esse uso foi animador e pode contribuir para que as ações do plano gerem um desenvolvimento mais sustentável e integrado.

Ao apresentar intervenções em pontos de interesse da cidade, o plano se revela um guia para o desenvolvimento de ações pela iniciativa e pode ser um facilitador, uma vez que essas iniciativas já foram discutidas e entendidas pela instância de governo.

Houve mudança de governo e a orientação se alterou de turismo criativo para economia criativa ancorada no audiovisual – inclusive com o estabelecimento de um *film commission*[6] para incentivar o setor na cidade – e em eventos desse tipo de economia. As atividades de turismo criativo seguem sendo desenvolvidas por empreendedores, como a plataforma Experimente Brasília, que foi a primeira voltada à comercialização de experiências de turismo criativo especificamente.

Em relação ao grupo sugerido no plano para fazer o acompanhamento da política pública, foi instituída uma câmara temática em parceria com a Fecomércio-DF por segmento da economia criativa, mas não uma comissão específica sobre o turismo criativo, atividade estimulada por meio do incentivo à economia criativa.

Recife

Recife apresenta uma ambiência favorável ao desenvolvimento do turismo criativo. A cidade é palco do surgimento de diversas iniciativas: em 2013, a Bomba do Hemetério, celeiro da cultura carnavalesca da cidade, emergiu

6 *Film commission*, ou comissão fílmica, é uma organização – normalmente estatal ou paraestatal – que se dedica a atrair e incentivar a realização de produções audiovisuais no seu local de atuação.

como destino turístico; em 2014, surgiu a Loa Turismo de Experiências, agência voltada exclusivamente para o desenvolvimento e a comercialização de roteiros criativos; em 2015, aconteceu o I Encontro Internacional de Turismo Criativo; e, em 2017, nasceu a Rede Nacional de Experiências e Turismo Criativo (Recria). Toda essa energia e ambiência convergiu e, em 2018, estimulada por esse movimento, a prefeitura municipal, por meio da Secretaria de Turismo, Esportes e Lazer (Setur-L), entendeu que o turismo criativo é um segmento estratégico para o turismo na cidade e elaborou um plano municipal de turismo criativo.

O objetivo do Plano de Turismo Criativo do Recife é:

> [...] orientar o crescimento desse segmento em nossa cidade, de modo a estabelecer as bases para a definição de ações, prioridades e tomada de decisões da política turística municipal voltada a produtos e projetos, infraestrutura, comunicação e promoção de vivências criativas locais. (SETUR-L, 2018, p. 20)

Como resultados esperados desse objetivo, foram elencados:

- Ampliação, diversificação e qualificação da oferta turística da cidade do Recife.
- Fortalecimento da imagem do Recife como cidade criativa e como referência nacional e internacional em turismo criativo.
- Geração de oportunidades de trabalho e renda em diversos segmentos impulsionados pelo turismo criativo.
- Integração e fortalecimento dos empreendedores dos segmentos relacionados ao turismo criativo.
- Ampliação dos espaços de participação social para discussão sobre políticas públicas mais efetivas para a cidade.
- Atração de investimentos públicos e privados para melhoria da infraestrutura e dos serviços urbanos.

- Ambiência local mais acolhedora, encantadora e divertida. (SETUR-L, 2018, p. 20-21)

Com vistas a alcançar os resultados, foram estabelecidos eixos de atuação e, de acordo com eles, chegou-se a sete objetivos estratégicos:

1. Disseminar o conhecimento sobre o turismo criativo em todos os territórios da cidade.
2. Aproximar o recifense das possibilidades criativas e encantadoras que a cidade pode lhe oferecer.
3. Criar um macroprograma de qualificação profissional para desenvolver com excelência o pessoal que irá atuar junto ao turismo criativo.
4. Orientar e apoiar empreendedores e seus negócios na criação de produtos e serviços turísticos criativos.
5. Incentivar melhorias em infraestrutura necessária ao desenvolvimento do turismo criativo.
6. Estruturar e implementar um programa de marketing voltado para o turismo criativo.
7. Construir e instaurar um órgão participativo para acompanhamento, assessoramento e gestão do plano de turismo criativo. (SETUR-L, 2018, p. 35-41)

Esses objetivos são seguidos por um conjunto de ações debatidas, revisadas e apresentadas com orientações de execução, prazos e parcerias que devem ter planejamento e acompanhamento sempre de maneira cooperada entre a Setur-L e a governança estabelecida.

Como parte do monitoramento e da avaliação das ações, foi instituído o Fórum de Turismo Criativo do Recife, que é uma instância de governança formal e independente do governo municipal. O fórum tem o papel de acompanhar as ações ou as iniciativas relacionadas com o desenvolvimento do turismo criativo no Recife, atuando na proposição de debates sobre o tema e na discussão sobre orçamentos públicos e investimentos privados destinados ao turismo criativo (SETUR-L, 2018).

Esse plano reflete o amadurecimento do conceito e os aprendizados adquiridos com as duas experiências anteriores. O plano está baseado no conceito que apresenta o destino cujo turismo criativo está imbricado nas redes entre pessoas, sem uma clara distinção entre quem é o visitante e quem é o anfitrião.

O documento tem forte orientação para a comunidade. A elaboração foi participativa e contou com representantes da sociedade civil para além dos segmentos de turismo e economia criativa, assim como ofereceu oportunidade para a sociedade em geral contribuir, entendendo que turismo criativo é uma atividade relevante à configuração da cidade e que é também por ela configurado em uma relação de retroalimentação.

O plano expõe um roteiro para desenvolver produtos e serviços criativos, e isso é relevante porque estabelece claramente quais são os aspectos que precisam estar presentes a fim de que os produtos sejam definidos como oferta de turismo criativo.

O aspecto relacional e integrador da prática com a cidade é fortalecido na apresentação das ações de comunicação que priorizam as pessoas em detrimento dos meios e conta com uma estratégia fortemente alinhada com o perfil do público desse tipo de turismo. Mais uma vez, é um reflexo da evolução das práticas ao redor do mundo e dos aprendizados com as experiências anteriores.

A grande inovação desse plano é trazer a governança e o desenvolvimento territorial claramente como eixos que direcionam as ações para que seja vislumbrado o desenvolvimento local sustentável. Todas as ações são pensadas de modo a estimular os valores do turismo criativo e, com isso, gerar um desenvolvimento territorial integrado.

A governança estabelecida enquanto instituição da sociedade civil destacada do governo parece ser um ponto-chave para que as atividades de turismo criativo sigam sendo desenvolvidas, uma vez que essa construção leva tempo. Especialmente no Brasil, em que as atividades de turismo criativo parecem precisar bastante do estímulo do poder público para acontecer, estabelecer uma governança que resista às mudanças de gestão aparenta ser um ponto necessário a fim de mitigar possíveis retrocessos na implantação da prática pelas mudanças de gestão e, consequentemente, de estratégias.

Percebe-se que no Brasil o turismo criativo se desdobrou alinhado com a evolução do conceito. Como Porto Alegre foi a cidade precursora, precisou reunir informações, entender o conceito, testar sua aplicação e focar primordialmente em desenvolver a oferta de produtos do turismo criativo. Quando analisamos a experiência de Brasília, percebemos com clareza o aumento no interesse pela adoção do turismo criativo enquanto estratégia de integração fortemente ancorada na colaboração. E, quando olhamos para Recife, conseguimos notar o uso do turismo criativo para criar uma ambiência ao desenvolvimento da atividade de modo que não seja um nicho, mas que perpasse todos os outros segmentos, sendo uma prática de relacionamento com o destino. Os avanços do turismo criativo no Brasil contribuem com a evolução da prática quando, com base nos aprendizados das experiências, sugerem que o desenvolvimento territorial deve ser norteador da aplicação desse turismo e que a governança da sociedade civil apartada de governos pode ser um caminho para ampliar os resultados a serem obtidos com a prática.

NEGÓCIOS NO TURISMO CRIATIVO – O PERFIL DO EMPREENDEDOR E SUAS INICIATIVAS

As iniciativas de turismo criativo geralmente são administradas por pequenos empreendedores que acumulam papéis. Muitas vezes, além de empreendedores, eles são também produtores culturais e têm ocupações no âmbito da cultura e das artes, como músicos, artistas plásticos, artesãos, brincantes, cozinheiros, etc. O turismo criativo é uma atividade complementar à atividade cultural/criativa que provê visibilidade e sustentabilidade à iniciativa.

Esses empreendedores são multitarefas no próprio negócio, atuam na construção da estratégia, no gerenciamento do negócio e na operação das atividades. Pelo perfil mais operacional, usam muito do próprio tempo em atendimento ao cliente, fazendo a promoção e a venda direta. Entretanto, essa dinâmica abre espaço para que haja uma deficiência estratégica que compromete o desenvolvimento do negócio, ou seja, são negócios muito bons na entrega ao cliente, mas que, internamente, nos processos gerenciais e na estruturação de médio e longo prazos, estão deficientes. Por essa característica de operação individualizada e centralizada, esses empreendedores se beneficiam bastante com a participação em arranjos colaborativos, que permitem aliviar a carga ao dar suporte à estratégia de negócio e ao servir de estrutura para o empreendedor acessar as ferramentas e os espaços de que precisa a fim de fortalecer seu negócio.

O grande desafio das iniciativas de turismo criativo é o acesso ao mercado. A produção e a comercialização do turismo tiveram como base os modelos das indústrias tradicionais, com uma lógica operacional departamentalizada e bem definida que não reflete a realidade das operações de turismo criativo, com uma lógica mais flexível de produção em que os papéis se misturam: quem opera também vende e quem consome produz, e a escala não é o único fim almejado. Além disso, se a cadeia turística já é complexa porque envolve diversos segmentos, no turismo criativo cada segmento abrange mais um monte de variáveis. Assim, quando vamos refletir sobre determinada experiência, não pensamos apenas em relação ao anfitrião da experiência, mas quanto a todo o contexto da comunidade.

No que se refere ao acesso ao mercado, identificamos que as iniciativas de turismo criativo atuam predominantemente do seguinte modo:

- AUTÔNOMAS: são bastante independentes e cuidam diretamente da venda. Em geral, estão de maneira constante e ativa nas redes sociais e utilizam plataformas digitais como meio de promoção e comercialização.
- IMPULSIONADAS POR MEDIADORES: são favorecidas por outras estruturas, como o Serviço Brasileiro de Apoio às Micro e Pequenas Empresas (Sebrae), universidades e organizações não governamentais (ONGs), para chegar aos consumidores. Essas estruturas dão suporte regular às iniciativas, em especial no que tange à comunicação; assim, estas alcançam visibilidade e se conectam aos *players* do mercado e, consequentemente, aos clientes.
- ARTICULADAS EM REDE: beneficiam-se da proximidade de outras pessoas para promoção e comercialização; utilizam os atores da rede como intermediários. Têm no cultivo dos relacionamentos uma tarefa central de suas atividades. As redes podem ser formais ou informais.

Essa classificação não é excludente, e os empreendedores podem se beneficiar de todas elas em algum momento de suas caminhadas.

O turismo criativo privilegia a relação, a descentralização e o respeito às dinâmicas do território, ao passo que o turismo tradicional trabalha com total previsibilidade e centralização das informações e demandas. Assim, não dá para pensar em comercializar o turismo criativo com a lógica do mercado tradicional, embora seja o primeiro movimento feito pelas iniciativas, porque é a estratégia conhecida. Por outro lado, como o turismo criativo propõe outras dinâmicas de operação, é natural que se busquem alternativas também à comercialização.

As iniciativas se dão muito bem com as dinâmicas de comunicação digital de criar conteúdos, compartilhá-los, estimular a interação e conectar todos os interessados, criando um burburinho em torno da experiência que deixa as pessoas curiosas para buscar a experiência em vez de apresentar o produto e tentar convencer o cliente de que ele é bom.

Da mesma maneira, a comercialização dos produtos de turismo criativo se beneficia das plataformas digitais, tanto pelo perfil do consumidor quanto pelos recursos multimídia disponibilizados pelas plataformas que permitem ao viajante experimentar o destino antes de visitá-lo. Aprofundaremos essa questão em "Plataformas digitais como meios de promoção e distribuição" mais adiante.

No entanto, ter à disposição as plataformas digitais não significa descartar a interação com as dinâmicas do turismo tradicional, afinal, é um mercado amplo que merece atenção. Como comercializar, então, para o mercado tradicional? Não há uma resposta definitiva, mas a seguir será compartilhada uma experiência.

Com a pandemia e as limitações de deslocamentos internacionais, o mercado de viagens se voltou para o turismo doméstico, e as agências sentiram a necessidade de diversificar as ofertas. Essa foi uma oportunidade perfeita para uma aproximação entre o turismo tradicional e o turismo criativo. A Rede Nacional de Experiências e Turismo Criativo (Recria) e a Associação Brasileira de Agências de Viagens, seccional Pernambuco (Abav-PE), se juntaram e, com o auxílio do Recife Convention & Visitors Bureau (Recife CVB), criaram uma estratégia de articulação entre os dois segmentos. Ela consistia em apresentar a realidade e a dinâmica operacional de ambos os modelos, de modo que, ao se conhecerem, pudessem chegar a um acordo de operação possível para todos.

A Recria mapeou as iniciativas de turismo criativo com estruturas mais alinhadas à dinâmica do turismo tradicional, e a Abav-PE buscou as agências de viagens mais flexíveis à operação do turismo criativo e que já atuavam em mercados com perfil mais alinhado a esse turismo. Com isso em mãos, foi realizado um primeiro encontro entre as iniciativas e as instituições envolvidas para alinhamento de expectativas e definição dos processos.

Em seguida, aconteceram dois encontros formativos: um promovido pela Recria para apresentar às iniciativas de turismo tradicional o modo de operação das iniciativas de turismo criativo e pontuar quais eram os maiores entraves sentidos pelas iniciativas de turismo criativo em relação à comercialização junto às agências; e outro promovido pela Abav-PE para expor às iniciativas de turismo criativo quais eram as necessidades das agências tradicionais e quais os padrões e os processos necessários para a comercialização via agências. Esses dois encontros geraram um terceiro encontro de negociação, no formato de uma rodada de negócios, na qual as agências de viagens (compradoras) e as iniciativas de turismo criativo (vendedoras) negociaram, cientes das oportunidades e das limitações, como trabalhar em parceria.

Dessa experiência, surgiu a Expovivências, a primeira feira de turismo criativo do Brasil, que aconteceu de modo virtual e contou com 700 inscritos. Os participantes puderam visualizar as iniciativas de turismo criativo e aproveitar a programação de palestras, oficinas e experiências. Além do público em geral, a feira teve 25 expositores que participaram com 15 compradores da rodada de negócios, na qual foram feitas 96 conexões de negócios. A expectativa de lucro com os negócios fechados era de R$ 1.848.000,00, a partir dos retornos recebidos dos participantes da rodada e das pesquisas aplicadas após a feira (RECIFE CVB, 2020).

Mesmo sendo uma atividade turística que não se encaixa no padrão tradicional, que tem particularidades que dificultam a padronização e que emerge de um contexto social dinâmico, criativo, mais condizente com os ambientes digitais, não é possível nem desejável simplesmente ignorar o mercado tradicional, uma vez que ele é consolidado e de tamanho significativo. Assim, o caminho inteligente é unir os segmentos, entender as operações, encontrar os pontos de convergência e verificar onde é possível se adaptar. Ao fazer isso, ambos os segmentos se desenvolvem, o turismo criativo expande seu mercado e dissemina sua lógica, e o turismo tradicional diversifica sua oferta e amplia sua visão de mercado.

PLATAFORMAS DIGITAIS COMO MEIOS DE PROMOÇÃO E DISTRIBUIÇÃO

O avanço das tecnologias da informação e comunicação (TICs) tem alterado a maneira de se relacionar, e isso impacta diretamente a forma de se fazer negócios. O maior acesso às informações, que antes eram de domínio exclusivo dos intermediários, tem grande impacto no comportamento do consumidor, que está mais ativo no processo de compra, assim como altera a dinâmica dos negócios, que precisam se adaptar para operar aplicando as ferramentas digitais.

A internet permitiu aos empreendedores que ofertassem seus produtos de maneira direta ao consumidor, assim como ampliou a gama de canais de distribuição. Então, hoje não existe apenas uma forma de comprar o que se deseja; pode-se comprar direto do fornecedor ou acessar um sem-número de plataformas para adquirir um mesmo produto, escolhendo a mais conveniente ou com a qual tem mais afinidade.

Se para algumas empresas os avanços tecnológicos representam uma ameaça, para os pequenos empreendedores podem ser uma grande oportunidade, pois assim diminuem a dependência dos intermediadores. Se olharmos para os negócios em turismo, é uma chance para se inovar nos modelos de promoção e comercialização, que, inclusive, se alinham com o perfil do consumidor contemporâneo que busca independência e personalização – tópico do qual ainda falaremos –, além de custos reduzidos e controle por parte do empreendedor.

No mercado de turismo, o uso de plataformas tecnológicas trouxe uma dinâmica diferente às relações comerciais. De acordo com Melo, Silveira e Durão (2018), há cada vez mais a adoção de compra on-line para os serviços de viagem, chegando a 57% do total das reservas do setor e a um montante de 148,3 milhões de reservas de viagem por ano. Você mesmo já pode ter comprado uma passagem de avião, reservado um hotel ou utilizado plataformas on-line para verificar a reputação do restaurante que estava pensando em visitar. Esse comportamento de compra tem estimulado um processo de desintermediação, ou seja, de exclusão do intermediário na relação entre fornecedor e consumidor. Esse cenário indica uma mudança no perfil do turista, cada vez mais informado e protagonista no planejamento de suas viagens e que se alinha com o perfil do viajante do turismo criativo.

Aqui voltamos ao consumidor. O consumidor contemporâneo é ativo, deseja exclusividade, busca atividades que tenham sentido para ele e, portanto, que sejam desenhadas para sua demanda. Por esse desejo, ele também tem um perfil independente, que busca exatamente os próprios interesses e não se sente confortável ao depender de outros para satisfazer as próprias vontades. Para esse perfil, ter à mão, no celular, acesso em tempo real aos fornecedores que podem lhe subsidiar é algo muito interessante.

Outra característica desse cliente é seu forte interesse pela comunidade. Ele busca identificação, por isso confia em sua tribo, e sua decisão de compra é fortemente ancorada na opinião de outras pessoas, em reviews on-line ou depoimentos. Os depoimentos são uma maneira muito potente de convencimento para a compra. Não é à toa que os vendedores on-line sempre solicitam do consumidor que deixe sua opinião, tendo até plataforma especializada nisso.

Reviews on-line são como o tradicional boca a boca. Os clientes observam aspectos como classificação do serviço, precisão das informações, sua relevância, data e atualidade para avaliar a confiabilidade, e então decidem adotar ou não essas informações em seu planejamento de viagem. Esse contexto estabelece o consumidor como o principal *player* da distribuição turística, uma vez que ele está cada vez mais empoderado em suas compras diretas, assim como em reviews que produz e que influenciam a compra de outros potenciais consumidores.

Na mesma lógica está o trabalho de influência digital, e não se trata aqui apenas de marketing de influência, mas também de estimular os visitantes a deixar opiniões, de marcar a experiência nas redes sociais e de trabalhar com estratégias instagramáveis, como um photo spot ou uma hashtag personalizada que leva o visitante a fazer a divulgação quase de modo automático.

As plataformas digitais são uma solução democrática que atende às dinâmicas operacionais do turismo criativo, permitindo a automatização das tarefas, favorecendo o planejamento e dando mais liberdade ao empreendedor para que ele se ocupe de outras atividades de sua iniciativa.

REDES E TURISMO CRIATIVO

A natureza humana é essencialmente associativa. A partir do agrupamento, o homem estabelece relações de interesse que vão delineando sua rede conforme sua inserção na sociedade. A rede social é uma estrutura flexível, dinâmica e auto-organizada na qual cada indivíduo tem um papel, e as relações definidas entre os indivíduos desenham o funcionamento dela.

Uma vez reunidos, os integrantes precisam ter autonomia para garantir a sustentabilidade da rede. Entretanto, não basta estarem reunidos, é necessário estabelecerem confiança para trabalharem juntos. A confiança é a cola que mantém as conexões da rede e fortalece a autonomia, uma vez que o indivíduo precisa estar confiante de que receberá da rede o suporte necessário quando precisar; tendo essa certeza, ele se sente seguro para contribuir com a rede, gerando o fluxo de trocas que assegura a retroalimentação.

A rede possui uma inteligência que auxilia na autorregulação. Pessoas que agem em desacordo com os valores e os princípios são naturalmente excluídas do processo, pois a rede é um organismo social maior cujas ações são direcionadas pelas demandas exigidas, e não pela vontade do indivíduo.

Atuar em rede possibilita explorar sinergias e complementaridades nas atividades, principalmente em espaços constituídos de pequenos e médios empreendedores. O empreendedor, em sua ação, necessita de capital, informação, competências, força de trabalho e credibilidade. Fazer parte da rede concede a ele a possibilidade de obter esses elementos. Estar em rede provê ao empreendedor um superego, de modo a lhe garantir vantagens competitivas que permitem um melhor posicionamento de seu negócio. A rede não é estática, ela faz parte do contexto social da ação e pode ser ativada de acordo com as necessidades, assim se autorregula, e os participantes dela podem se associar e se organizar de modo a expandir as oportunidades para si mesmos e para o sistema como um todo (ALMEIDA, 2008).

Cada rede assume uma configuração diferente, com base nas demandas e nas oportunidades do grupo que a integra. Os motivos para estarem juntos podem ser diversos, entretanto, o que todas as redes têm em comum é a necessidade dos empreendedores de se fortalecerem enquanto grupo para que sua ação seja também fortalecida, assim como o segmento ou o setor.

A rede pode ser plataforma para modelos de negócios mais integrados e descentralizados, o que tem a chance de minimizar os impactos negativos do turismo. Ela também fortalece os negócios quando gera aprendizagem e colaboração com base em experiências de elos mais distantes, diversificando o repertório e aumentando a capacidade de solução de problemas. No âmbito comercial, ela pode aumentar a participação no mercado e articular oportunidades de crescimento para essas entidades, além de minimizar os impactos de questões como crises econômicas e políticas, concorrência e tecnologia nos negócios e no setor. Nesse contexto, a rede surge como uma inteligência capaz de conectar iniciativas que antes estavam isoladas e, por meio da construção de uma estratégia coletiva, fortalecer o segmento.

A formação de redes aparece como uma saída estratégica ao setor de turismo, pois estimula o desenvolvimento de mecanismos apropriados para atender aos desafios propostos pelo novo contexto global. Organizados em rede, ganhamos repertório oriundo da diversidade de participantes, potência para articulação, volume para comercialização e capacidade de atendimento ampliada (ALMEIDA, 2019).

REDES DE TURISMO CRIATIVO PELO MUNDO

O turismo criativo se caracteriza por ser uma atividade fluida, focada na dinâmica relacional, e assim mais bem desenvolvida por pequenos empreendedores, que precisam se organizar de modo a vender o território, e não a própria iniciativa. Por esses motivos, a rede parece ser uma forma de governança aderente a esse turismo.

Existem hoje algumas redes de turismo criativo em funcionamento pelo mundo. A Barcelona Creative Tourism é uma plataforma que atua como intermediária entre os empreendedores criativos da cidade e viajantes que desejam participar de atividades criativas. O objetivo é oferecer aos visitantes a oportunidade de descobrir a cidade de Barcelona e seus arredores de maneira única, interagindo com os moradores locais e, especialmente, se sentindo como um local. Foi a primeira plataforma de turismo criativo do mundo, e dela se originou a Creative Tourism Network, uma organização sem fins lucrativos que tem como objetivo promover destinos de todos os tipos que apostam no turismo criativo como diferencial competitivo para atrair visitantes, bem como para criar uma cadeia de valor ao território. Essa rede também promove pesquisas acadêmicas, fornece consultoria e treinamentos pela Creative Tourism Academy, além de premiar todos os anos as melhores práticas por meio do Creative Tourism Awards (CREATIVE TOURISM NETWORK, 2014).

Outra iniciativa europeia é a Creatour, um projeto que reúne cinco centros de pesquisa em quatro regiões de Portugal, quarenta projetos-piloto e outras partes interessadas que trabalham de maneira colaborativa e em rede. Ele tem como objetivo contribuir para um desenvolvimento local integrado e para a vitalidade cultural da região. Apesar de ser um projeto de pesquisa, ele prevê uma atuação junto à comunidade criativa e projetos-piloto para estabelecer e fortalecer iniciativas de turismo criativo, de modo a construir conhecimento sobre o assunto e aumentar a formação de redes e *clusters*.

Já no Brasil, temos a Rede Nacional de Experiências e Turismo Criativo (Recria), que atua como um movimento integrativo de experiências de economia criativa e turismo criativo que impulsionam o desenvolvimento das pessoas, do ambiente e da cultura local. O objetivo dela é ser o movimento do turismo criativo no Brasil, por meio da integração de atores, experiências e segmentos inteligentes da sociedade.

O PAPEL DA GOVERNANÇA NA CONSTRUÇÃO DO ECOSSISTEMA DE TURISMO CRIATIVO

O conceito de governança vem sendo ressignificado ao longo do tempo, não sendo considerado definitivo. Refere-se ao ato de governar, mas essa definição dá margem para amplas interpretações que acabam por desencadear mau uso do termo. Partindo do princípio de que estamos falando de governança e turismo criativo, trataremos o tema sob a lente da abordagem territorial, que diz respeito ao processo de tomada de decisões compartilhadas por todos os agentes envolvidos e impactados por elas e que contém mecanismos de fortalecimento da cidadania para que todos tenham a oportunidade de influenciar os rumos do desenvolvimento de seus territórios.

A governança com abordagem territorial consiste em uma gestão descentralizada, distribuída em instâncias de governança que integram os diversos entes – governo, mercado, sociedade civil – em diferentes níveis de atuação, de modo que os atores locais participem ativamente da construção de estratégias para o próprio local. A instância de governança nesse sistema é um organismo social com a atribuição de articulação, proposição, análise e monitoramento, e pode assumir diversos formatos, como fórum, conselho, comitê, consórcio, etc.

Para que o sistema funcione e produza os resultados necessários, a governança não pode existir apenas para responder a requisitos de uma política pública; é importante que os atores sociais estejam alinhados em torno de uma estratégia de desenvolvimento, conscientes do próprio papel e capacitados a fim de garantir o bom andamento do processo.

No contexto do turismo no Brasil, a abordagem de governança descentralizada surgiu no âmbito do Programa Nacional de Municipalização do Turismo (PNMT), de 1994, e orientou as diretrizes para o Programa de Regionalização do Turismo. A ideia da gestão compartilhada se manifestou com o objetivo de instituir o desenvolvimento articulado com os interesses locais, e esse conceito está totalmente alinhado com o desdobramento do turismo criativo, que demanda uma estruturação de baixo para cima com a participação ativa dos atores locais.

De acordo com Cerqueira (2014), as atribuições de uma instância de governança consistem em:

- Promover a integração e a cooperação dos diversos setores sociais, políticos e econômicos em torno da proposta de desenvolvimento do território.
- Propor, analisar e acompanhar a implementação de políticas, planos e projetos voltados ao desenvolvimento local/territorial.
- Avaliar e endossar os projetos elaborados pelos diversos atores sociais.
- Articular parcerias e negociar recursos técnicos, normativos e institucionais com as diferentes esferas do poder público, empresários e organismos internacionais.
- Promover a integração de ações intrarregionais e interinstitucionais.

O Brasil é destaque no desenvolvimento do turismo criativo na América Latina, e Recife (PE) é um polo catalisador desse turismo no país. Isso se deve às ações coordenadas entre a política pública e a sociedade civil organizada.

A primeira organização que contribuiu para isso foi a Rede Nacional de Experiências e Turismo Criativo (Recria). A Recria reflete uma articulação de vários atores sociais do turismo criativo do Brasil e teve papel fundamental no estabelecimento de Recife como destino desse turismo ao reunir as iniciativas do lugar, sendo possível, desse modo, entender as demandas, os desafios e as necessidades desse segmento. Até então, as iniciativas estavam dispersas, cada uma lutando as próprias batalhas para encontrar soluções. A Recria, por meio de mobilização e articulação, consegue realizar ações que disseminam e esclarecem o que significa o turismo criativo e como ele funciona, que capacitam as iniciativas desse turismo para melhorar sua operação e inovar na oferta de produtos e serviços, dando visibilidade e fortalecendo o segmento no país.

Feito isso, a Recria preparou o ambiente para que o turismo criativo se desenvolvesse; sua atuação era limitada e, para seguir se expandindo, precisava do apoio da política pública. Então, enquanto governança desse turismo, mobilizou a Secretaria de Turismo do Recife para que elaborasse uma política pública que desse suporte ao turismo criativo na cidade. Dessa mobilização, surgiu o Plano de Turismo Criativo do Recife. Como foi apontado em "O desenvolvimento do turismo criativo no Brasil: uma análise a partir dos planos de turismo criativo elaborados por instâncias governamentais" (ALMEIDA, 2020), ele foi estabelecido de maneira totalmente participativa.

Para a elaboração desse plano, foi instituído um grupo de trabalho (GT) representativo da sociedade, que incluiu poder público, academia, entidades de fomento, empreendedores e sociedade civil, responsável por definir conceitos e a metodologia que seriam utilizados. Coube ao GT também a identificação e a mobilização das lideranças dos segmentos criativos, serviços turísticos e inteligências existentes na cidade que pudessem contribuir para a construção do plano. Em seguida, foi realizado o seminário Marco Zero do Turismo Criativo do Recife para apresentação da proposta à sociedade, nivelamento conceitual sobre turismo criativo e convite ao engajamento das pessoas na fase seguinte, de oficinas ideativas. Essas oficinas foram abertas a toda a sociedade, independentemente do envolvimento com turismo e criatividade, e visavam discutir ideias e propostas de intervenção orientadas por algumas dimensões prioritárias, como comunicação e marketing, infraestrutura, governança, produtos diferenciados, formatação e integração de produtos e serviços. Às oficinas seguiram-se a sistematização dos resultados e a análise técnica das ideias e propostas sugeridas, com base no cenário de desenvolvimento turístico do

Brasil definido por pesquisa de relatórios de competitividade e tendências. Com a primeira versão pronta, foi feita uma devolutiva aberta à sociedade para validação dessa primeira versão, e em dezembro de 2018 o plano foi lançado no Seminário Internacional de Turismo Criativo, promovido pela Secretaria de Turismo, Esportes e Lazer do Recife (Setur-L), pela Empresa de Turismo de Pernambuco (Empetur) e pelo Serviço Brasileiro de Apoio às Micro e Pequenas Empresas (Sebrae) de Pernambuco (SETUR-L, 2018).

Após o lançamento do plano, era preciso garantir que as ações planejadas e acordadas no documento fossem executadas sem depender apenas do poder público, mas que contassem com a mobilização e o estímulo de outros atores interessados no desenvolvimento do setor na cidade. Assim, o GT de elaboração do plano foi transformado por meio do Decreto n. 32.786/2019 no Fórum de Turismo Criativo do Recife, instância de governança composta por representantes da gestão pública municipal e estadual, empreendedores do turismo e da economia criativa, organizações da sociedade civil e acadêmicos.

As atribuições do Fórum de Turismo Criativo do Recife, descritas no art. 1º de seu regimento interno, são:

> I – Monitorar, planejar e participar da execução do Plano de Turismo Criativo do Recife;
>
> II – Articular-se com as áreas de economia criativa, empreendedorismo, inovação e desenvolvimento territorial com vistas ao fortalecimento do turismo criativo no Recife. (RECIFE, 2020, p. 1)

Desde sua criação, o fórum tem atuado diretamente na implementação do Plano de Turismo Criativo, discutindo e planejando ações, além de participar ativamente de sua execução. Graças a essa ação conjunta, a taxa de implementação das ações do plano é superior a 95%, considerando que, de três anos de execução, durante dois deles estivemos em pandemia. Nesse período, foram realizadas ações de sensibilização ao conceito de turismo criativo, capacitação técnica para atuação na área, seminários, promoção e ativação de novos espaços criativos na cidade, participação de Recife na Creative Tourism Network, de suporte aos empreendedores e envolvimento em feiras, eventos e festivais. O fórum também articulou com o legislativo municipal a destinação de recursos para a capacitação de anfitriões, e com a gestão municipal, a realização da próxima edição do plano para o triênio 2022-2024.

Ter os atores locais engajados nas tomadas de decisão e no desenvolvimento das ações estratégicas de desenvolvimento do turismo criativo na cidade gera uma corresponsabilidade que é salutar para o ecossistema. A população não fica esperando que o poder público realize as ações a seu bel-prazer e no próprio tempo, e a política pública ganha agilidade porque tem várias pessoas trabalhando, pensando e articulando a fim de fazer acontecer. O processo para que tudo isso aconteça não é simples e depende de pessoas focadas em torno de um propósito claro, mas os resultados mostram que uma política pública alinhada com os desejos da cidade pode estimular o ecossistema a repensar suas estratégias de mercado e inovar em soluções que beneficiem e incluam todos.

segunda parte

EXPERIÊNCIAS

O PRINCÍPIO DA COCRIAÇÃO APLICADO À ECONOMIA CRIATIVA – O CASO DO GALO DA MADRUGADA

A conexão entre a criatividade e o desenvolvimento de produtos e serviços não é exatamente uma inovação. Há tempos as pessoas buscam criar coisas que vão além de sua função objetiva, que também comuniquem valores culturais e sociais. No entanto, durante boa parte da história, a atividade cultural esteve apartada da economia e era entendida apenas por seu aspecto de fruição, sem qualquer valor financeiro. Com a emergência da economia do conhecimento, a popularização das tecnologias da informação e comunicação (TICs) e o declínio de algumas atividades econômicas tradicionais, as atividades criativas passaram a se conectar com as atividades produtivas contemporâneas, como design, publicidade e mídias audiovisuais, e a se constituir como uma área de interesse econômico: a economia criativa (REIS, 2007). Assim, a economia criativa foi definida como "atividades que têm origem na criatividade, na habilidade e no talento individual e que potencializam a criação de empregos e riqueza através da geração e exploração da propriedade intelectual" (NEWBIGIN, 2010, p. 15).

O turismo é uma indústria multissetorial – cujos produtos e serviços são desenvolvidos com base nas especificidades do local, como natureza, ambiente de negócios, estrutura hospitalar e patrimônio cultural – e demanda diversas interconexões para acontecer. Portanto, uma cidade com economia criativa pulsante pode utilizá-la como matéria-prima para produtos e serviços turísticos. A aproximação entre o turismo e a economia criativa pode ser vista como um movimento natural, uma vez que a criatividade vem se ampliando como atividade econômica. Até mais ou menos a década de 1990, as atividades criativas sofriam preconceitos e até alguns estigmas que as mantinham isoladas entre seus iguais. Era quase impensável um filho falar para os pais que havia escolhido ser ilustrador, escritor ou mesmo designer; as atividades que lidavam com criação eram coisa de vagabundo, de pessoas que não queriam trabalhar – um preconceito ainda relacionado às questões da produção cultural apenas para fins de fruição e sem valor financeiro. Hoje, com o reconhecimento da criatividade enquanto atividade econômica e a consequente valorização da economia criativa, há mais pessoas oferecendo serviços dessa natureza, mais indivíduos demandando produtos e serviços da economia criativa e começa a haver interesse público em estimular essa produção.

O relatório da Organisation for Economic Co-operation and Development (OECD) sobre turismo e economia criativa define economia criativa como as "atividades criativas baseadas no conhecimento que conectam produtores, consumidores e locais que utilizam tecnologia, talento ou habilidade para gerar produtos culturais intangíveis significativos, conteúdo criativo e experiências" (OECD, 2014, p. 39, tradução minha). A relação entre economia criativa e turismo vai além da apreciação da cultura local ou de participação em eventos temáticos; ela pode ser percebida também na atmosfera do destino. Uma cidade criativa, vibrante, que estimula o desenvolvimento de atividades criativas, cria um processo de retroalimentação que atrai pessoas criativas e, ao atraí-las, torna o lugar mais interessante, e outras pessoas, especialmente turistas, são atraídas pela unicidade, criatividade, vibração e inovação do lugar – isso pode ser conseguido pelo estímulo à economia criativa (RICHARDS; MARQUES, 2012).

Na economia criativa, o foco não está em manifestações culturais específicas, mas nos conteúdos criativos e nas plataformas que fazem a distribuição daquele conteúdo possível. Museus, por exemplo, se tornaram uma plataforma para a distribuição de significado cultural por meio de visitas presenciais e virtuais, programas educacionais, lojas e mídias sociais. O turismo também se transformou, de uma atividade baseada exclusivamente na informação – na qual o turista passivo recebe as informações sobre o destino pretendido – para uma atividade baseada em conhecimento e habilidades – na qual, de maneira ativa, as habilidades e o conhecimento do visitante contribuem com a experiência turística. Essa mudança pede uma ação articulada dos produtores, consumidores e dos destinos no desenvolvimento de ofertas que mesclem conhecimento e habilidades, e que, mais do que satisfazer o cliente, permita a ele que identifique como pode contribuir com os destinos que visita.

Essas sinergias potenciais significam que a relação entre esses setores pode atuar como um importante estímulo ao crescimento e à inovação no turismo e gera resultados para além do crescimento da demanda turística, com impactos como: o incentivo ao estabelecimento de pequenos negócios como espaços criativos que funcionam como nós nas redes criativas, permitindo a interação entre produtores e consumidores; o impulsionamento das exportações por meio de produtos que vinculam conteúdo criativo, local e cultural, a fim de aumentar os níveis gerais de interesse na criatividade da região e estimular a visitação turística; a produção de conhecimento e o desenvolvimento de novas habilidades a partir da interação entre profissionais das indústrias criativas e de turismo, entre produtores e consumidores e entre consumidores e residentes; e o estímulo à inovação, adicionando tecnologia para o desdobramento do turismo e desafiando as indústrias criativa e do turismo a encontrar novas maneiras de gerenciar os negócios.

O estudo de caso apresentado aqui ilustra os diferentes aspectos dessa nova abordagem sobre a criação de valor.

Galo da Madrugada

O Galo da Madrugada é um dos blocos de carnaval mais tradicionais do Recife (PE), que abre as festividades da cidade desfilando no sábado de Zé

Pereira. Fundado em 1978, foi reconhecido em 1994 pelo *Guinness Book* como o maior bloco de carnaval do planeta, quando arrastou 1,5 milhão de foliões pelas ruas do Recife – em 2018, já eram 2,3 milhões de foliões. Em 1995, foi criado outro ícone do carnaval do Recife: a alegoria do Galo da Madrugada, uma escultura do galo com aproximadamente 30 metros de altura, que costuma ser posicionada na ponte Duarte Coelho, no centro de Recife, na semana pré--carnaval, anunciando a todos que essa época chegou. O galo da ponte, como a população carinhosamente o chama, causa um verdadeiro rebuliço entre os recifenses, que esperam ansiosamente para ver o galo e dar um veredito, se ele está feio ou bonito. Há uma resenha geral no dia seguinte ao seu içamento.

Existe uma rotatividade entre artistas plásticos na produção do Galo. Nos anos de 2019 e 2020, foi elaborado pelo artista plástico Leopoldo Nóbrega, que recorreu a princípios de turismo criativo (autenticidade, territorialidade e cocriação) em sua produção.

Galo Artesão e Galo Circense de Olho no Futuro

Para construir a alegoria, o artista plástico envolveu membros da comunidade da Bomba do Hemetério, território que abriga tradicionais agremiações do carnaval do Recife, além de pessoas que já atuam no próprio ateliê, que fica em um bairro vizinho, o Arruda. A escolha do artista em trazer pessoas que vivenciam o carnaval não apenas como festa, mas como parte da sua própria identidade e da identidade do território, em vez de contratar técnicos com experiência em grandes estruturas, foi baseada nos princípios da territorialidade e da aprendizagem. Os carnavalescos trouxeram seu olhar apaixonado por carnaval e seu conhecimento prático de construção de fantasias e alegorias para o carnaval, imprimindo a territorialidade na elaboração do galo. Os profissionais que já atuavam no ateliê contribuíram com conhecimentos e habilidades em cenografia, além do orgulho de poder fazer parte da construção de um ícone do carnaval pernambucano. Já o artista plástico orquestrou esse processo de aprendizagem e cocriação.

FIGURA 3. Projeto artístico do Galo Artesão, de 2019.
Fonte: Leopoldo Nóbrega.

FIGURA 4. Projeto artístico do Galo Circense de Olho no Futuro, de 2020.
Fonte: Leopoldo Nóbrega.

No processo de produção do ícone, a peça foi dividida em partes (asa, crista, pés, bico, rabo, etc.), e as pessoas puderam escolher em qual delas queriam atuar. A partir dessa dinâmica, formaram-se grupos para trabalhar cada parte. Então, foram estabelecidos laboratórios de pesquisa de materiais, texturas, formas e técnicas, nos quais todos eram convidados a trazer soluções para as questões levantadas, em um processo dialógico de aprendizado que permitiu que cada pessoa envolvida pudesse entender a dimensão do que estava sendo feito e a importância do trabalho de cada um no processo todo. Isso possibilitou ao grupo desenvolver, além de habilidades técnicas, habilidades de trabalho coletivo.

A outra inovação do processo foi desenvolver o conceito de roupa do galo, ou seja, a estrutura segue praticamente a mesma, mas o galo troca de roupa a cada aparição. Em 2019, essa roupa foi feita com o aproveitamento de resíduos e elementos de outros territórios criativos de Pernambuco, adotando o galo como plataforma para a integração desses territórios. Foram utilizados os resíduos da produção têxtil do polo de confecções de Toritama, e as joias do galo foram confeccionadas com argila e técnica em barro do Alto do Moura, em Caruaru. Isso abre uma gama de possibilidades, uma vez que até então o

FIGURA 5. Galo Artesão, de 2019.
Fonte: Hugo Apolônio.

FIGURA 6. Galo Circense de Olho no Futuro, de 2020.
Fonte: Renato Venâncio.

galo sempre foi trabalhado como ícone do Recife. Essa estratégia amplia as conexões territoriais e transforma essa figura em uma grande plataforma para causas, produtos e ideias.

Em 2020, o galo foi apresentado como o "Galo Circense de Olho no Futuro" e trouxe a inspiração da tecnologia com a sustentabilidade. A roupa dele foi confeccionada em um processo de cocriação amplo: o artista plástico articulou dezenas de oficinas em várias cidades do Brasil e até em Nova York que

FIGURA 7. Oficina de pintura de discos de vinis para o Galo Circense de Olho no Futuro, de 2020.
Fonte: Leopoldo Nóbrega.

mobilizaram mais de 700 pessoas para a pintura de mais de mil discos de vinis que integraram a pele do animal. Além dos vinis, a pele teve pastilhas gigantes de LED, sendo essa a primeira vez que se usou luz na escultura.

Outro ponto relevante é a sustentabilidade em suas diversas facetas. O galo é uma escultura atrelada ao carnaval e, assim como a festa, sempre foi efêmero, sendo içado na quinta-feira pré-carnaval e desmontado na Quarta-Feira de Cinzas. A escultura do Galo Artesão, por sua vez, nasceu com o propósito de não ser destruída na Quarta-Feira de Cinzas; assim, sua estrutura foi pensada

FIGURA 8. Pele do Galo Artesão, de 2019.
Fonte: Leopoldo Nóbrega.

FIGURA 9. Pele do Galo Circense de Olho no Futuro, de 2020.
Fonte: Beatriz Rodrigues.

para ser reutilizada em outras situações e mesmo nos anos seguintes com poucos ajustes, como no caso do Galo Circense de 2020, que reutilizou 70% da estrutura do Galo Artesão de 2019.

Durante o laboratório para o desenvolvimento da escultura, foram feitos experimentos que possibilitaram extrapolar as soluções encontradas a outros contextos, como a pele do galo feita com resíduos do polo têxtil que foi utilizada na confecção de figurinos para o corpo de balé do espetáculo de abertura do carnaval do Recife, em 2019, e em outros produtos de design. O processo criativo autoral permite inúmeros desdobramentos; diferente de cópias ou da peça em si, é possível desenvolver uma gama de produtos inspirados nos processos de elaboração, assim como no resultado.

Para que todas essas ideias se alinhem, há uma questão interessante apontada pelo próprio Leopoldo Nóbrega: elaborar o galo não é trazer a criatividade pela criatividade, mas definir um propósito para cada decisão que vai além do que parece ser o objetivo final: a escultura. A escultura é efêmera como o carnaval, mas o processo precisa ter um propósito, um sentido a ser replicado. O

FIGURA 10. Figurino do balé de abertura do carnaval do Recife.
Fonte: Maurício Ferry.

potencial da alegoria é infinito se a gente conseguir conectar propósitos. Qual é o sentido de pegar uma pessoa sem experiência para fazer algo no lugar de um profissional? O propósito é ampliar a visão de mundo dos indivíduos, conectar os universos, entender a importância de gerar os melhores resultados. Porque, quanto mais se expande o modelo mental, mais se torna possível dar respostas criativas, inteligentes e autorais. A óptica multicultural e transdisciplinar foi um pilar para trabalhar o galo e chegar ao resultado a que se chegou.

O Galo da Madrugada é um ícone do carnaval do Recife com forte apelo identitário com o local, mas ele é subutilizado enquanto produto turístico e como produto da economia criativa, especialmente por sua condição pontual. A inovação proposta por Leopoldo Nóbrega é tornar o galo um território criativo em si mesmo, que, ao mudar de roupa, faz interconexões com outros territórios, outras linguagens criativas, oferecendo a chance de se trabalhar a comunicação, a criação e a criatividade, e transformando o fazer carnavalesco temporário para que atenda a um extravaso e se revele um carnaval que deixa um legado.

Esse conceito segue com a ideia de que o galo gere subprodutos de design, brindes e *souvenirs* e possa movimentar uma cadeia produtiva durante todo o ano. Ao fazer isso, a identidade de cidade criativa do carnaval se fortalece, mais processos são ativados e retroalimentam a criação para além do galo, e todos esses processos estabelecem um ecossistema vibrante que se reflete no turismo. É preciso que haja uma mudança de visão estratégica quanto ao uso dessa plataforma para o fortalecimento da economia criativa e do turismo criativo na cidade, pois o galo é mais do que um ícone, é um elemento com potencial de alimentar e retroalimentar o ecossistema. Para que isso se torne realidade, os laboratórios cocriativos precisam ser contínuos ao longo do ano, e não pontuais para o carnaval.

O caso do galo evidencia que o resultado é fruto do processo – técnico, conceitual e relacional, sobretudo –, e não o fim em si mesmo, e que a cocriação é uma prática que precisa estar baseada em respeito, sentimento de pertencimento, cumplicidade. O fato de estarem participando, em qualquer nível, da confecção de uma parte do Galo da Madrugada fez que as pessoas se mobilizassem para fazer o seu melhor, se abrissem ao aprofundamento na experiência e se permitissem vivenciar a liberdade criativa. A sustentabilidade, a cocriação, a inclusão e a inovação é usar o carnaval como ferramenta de empoderamento do território.

As trocas que aconteceram entre saberes, fazeres e emoções dos técnicos e carnavalescos envolvidos no processo, assim como as conexões entre os diversos territórios a partir das matérias-primas e das oficinas de cocriação, evidenciam a riqueza ao reunir diferentes universos. Quanto mais diverso é o grupo e suas referências, mais rico é o processo e mais inovadores são os resultados. Esse movimento impulsiona a cadeia produtiva da cultura e da economia criativa e cria um fluxo de aprendizagem que melhora os processos dos artesãos, que aprenderam técnicas de artes plásticas, além de refinar o resultado das peças de Leopoldo, que agora tem o espectro de referências ampliado pela perspectiva das pessoas do território.

Cada vez mais o intangível é o que conecta, mesmo que não percebamos. O intangível é o que encanta, o que mobiliza afetos. Percebe-se uma busca cada vez mais intensa por capturar o encanto do intangível como produto a ser compartilhado pelo turismo e pelas indústrias criativas. Isso oferece oportunidades para o aprimoramento do turismo criativo, de experiências culturais e de organizações criativas. Também significa que as organizações de turismo terão de desenvolver um papel maior na produção e na distribuição de conteúdo criativo – o que, por sua vez, requer uma interconexão cada vez mais profunda entre o turismo e as iniciativas da economia criativa.

DEGUSTANDO O TURISMO CRIATIVO NA ILHA DE DEUS

Além da criatividade inerente ao processo de elaborar um prato, a gastronomia é capaz de articular uma rede complexa ao reunir em uma receita paisagens, povos, hábitos e ingredientes típicos que apresentam a identidade local, e esse é um recurso valioso para o turismo. O turista busca autenticidade e, à medida que os destinos vão se tornando cada vez mais homogeneizados por meio de processos de reprodução serial (RICHARDS; WILSON, 2006), os aspectos peculiares intangíveis que cercam todo o preparo e a fruição do alimento têm potencial de tornar o destino especial.

Compartilhar uma refeição pode ser uma atividade de profunda conexão consigo mesmo, com o outro e com o local. Pode ser um momento de relaxamento e prazer, uma forma de socialização, de conhecer a cultura do outro, de imergir em outra realidade – pode, enfim, ser um ritual.

A gastronomia sempre esteve presente na experiência turística como um serviço indispensável para atender à necessidade básica do turista. Entretanto, segundo a Organização Mundial do Turismo, em seu relatório "Global Report on Food Tourism" (UNWTO, 2012), o turismo gastronômico, ou seja, aquele no qual a motivação do viajante é a curiosidade de conhecer os hábitos e o estilo de vida locais por meio da comida, cresceu consideravelmente e tem se tornado um dos segmentos mais dinâmicos do setor. Além de ser um ótimo recurso para diversificar a oferta de experiências turísticas, o turismo gastronômico, geralmente, trabalha com valores éticos e de sustentabilidade, valorizando o território, a cultura da região e os produtores locais, e fortalecendo a autenticidade.

A gastronomia está entre as atividades criativas mais ricas ao desenvolvimento de experiências turísticas porque tem uma demanda natural, já que o turista precisa comer no mínimo duas vezes por dia, o que gera oportunidade para mergulhar na cultural local. Ao comer, o visitante tem contato com o ingrediente, a preparação, o serviço e as pessoas, e a comida proporciona uma conexão direta com a paisagem – muitas vezes, é possível ver de onde vem a comida, quem a preparou, onde foi preparada e os utensílios utilizados. Mais do que apenas o consumo de comida, a gastronomia é uma experiência.

Assim, para o turismo criativo, a gastronomia é um prato cheio. Oficinas gastronômicas, aulas de técnicas culinárias tradicionais, participações em processos de colheitas, apreciações de produtos locais, visitas e degustações em vinícolas estão entre as experiências mais bem-sucedidas, porque oferecem ao viajante uma imersão no processo com engajamento que gera o sentimento de ser parte do resultado. Ao final, ele poderá experimentar o resultado de seu trabalho enquanto interage com o anfitrião e com outros viajantes. Esse processo estimula a inovação, amplia a visão de mundo e minimiza preconceitos, pois, por meio da cocriação, se estabelecem trocas entre as culturas local e global, criando narrativas em torno da alimentação.

A convivência ao redor da mesa é um elemento vital da identidade cultural e da tradição, sendo um momento de trocas sociais, comunicação, afirmação e renovação da identidade do grupo ou da própria comunidade. Ela estimula e promove valores de hospitalidade, vizinhança, diálogos interculturais e criatividade, exercendo um papel vital em espaços culturais, festivais e celebrações, reunindo pessoas em um encontro intergeracional e promovendo coesão social e integração. Uma nova Ilha de Deus surgiu a partir da oferta gastronômica da tradição local.

Ilha de Deus

A Ilha de Deus é um território situado no bairro do Pina, na zona sul do Recife (PE), no centro de um dos maiores manguezais urbanos do Brasil. Com população aproximada de mil pessoas, a Ilha de Deus é uma zona especial de interesse social (Zeis), que reconhece os direitos à moradia da comunidade que ocupa o território. Por estar localizada em uma área de manguezal, a pesca, especialmente de camarões, caranguejos, unhas-de-velho, siris, mariscos e sururus, é a atividade econômica predominante.

A Ilha de Deus é uma comunidade periférica e empobrecida, apesar de estar ao lado de Boa Viagem, bairro com um dos maiores índices de desenvolvimento humano (IDH) do Recife. A partir de 2011, passou por um processo de urbanização promovido pelo governo do estado, que construiu casas de alvenaria no lugar das palafitas, implantou saneamento básico e uma ponte de concreto que liga a ilha ao continente, além de diversos equipamentos públicos, como posto de saúde, escolas e centros comunitários. A população também é atendida por organizações comunitárias, com destaque para a ONG Saber Viver, que promove atividades de formação e capacitação profissional, além de projetos de educação e preservação ambiental, e que foi a responsável por estimular o desenvolvimento do turismo de base comunitária (TBC) no território a partir do interesse e engajamento da comunidade ao perceber que o turismo poderia dar visibilidade ao território e trazer, além de oportunidades de emprego e renda, políticas públicas e o fortalecimento dos valores locais.

Em 2016, a partir desse movimento, instituições de ensino superior se aproximaram da Ilha de Deus, vislumbrando o potencial cultural e natural a ser aproveitado pelo turismo como forma de agregar valor às atividades tradicionais do local. Essa relação resultou na estruturação da Ilha de Deus como destino turístico. Foram estabelecidos roteiros comercializados por empresas de turismo tradicional, dando à Ilha de Deus destaque na mídia e gerando curiosidade, pois um território que sofria grande preconceito, que antes era visto nos meios de comunicação apenas pelas notícias negativas, estava sendo apresentado como um lugar interessante a ser conhecido.

O turismo gastronômico se desenhou a partir da iniciativa da cozinheira e artesã Negralinda, que, com um grupo de mulheres marisqueiras e artesãs, começou a preparar e vender comidas típicas do mangue aos visitantes. A fim de atender à crescente demanda, foi montado um restaurante comunitário, e, em 2019, diante do sucesso de público e da repercussão midiática, Negralinda e as empreendedoras sociais da região criaram o Bistrô Negralinda, um charmoso espaço gastronômico localizado no coração da ilha, com vista privilegiada para os manguezais e os rios que o contornam. O bistrô se associou a importantes instituições nacionais ligadas ao turismo, como a Rede Nacional de Experiências e Turismo Criativo (Recria), a Associação Brasileira de Bares e Restaurantes (Abrasel) e o Recife Convention & Visitors Bureau (Recife CVB). A iniciativa foi alcançando cada vez mais reconhecimento de público e da crítica especializada, com diversos estudos e pesquisas acadêmicas realizados sobre o *case* de turismo criativo e empreendedorismo social da Ilha de Deus. Esse movimento mudou a perspectiva socioeconômica na comunidade.

O ambiente de mangue e pesca é marginalizado; as pessoas não são reconhecidas e os produtos não são valorizados. Isso se reflete na percepção que a própria comunidade tem de si mesma e dos produtos nela gerados. Quando o território passa a ser reconhecido por sua atividade pesqueira e seus produtos, estes são respeitados como ativo cultural imprescindível da região, e as pessoas do território começam também a se sentir apreciadas e a valorizar o produto típico. É possível perceber que havia na ilha um reconhecimento relativo à importância dos produtos do mangue para saciar a fome da população local, mas não havia a identificação da relevância à cultura do potencial econômico desses produtos. O turismo ajudou a comunidade a notar esses aspectos.

As marisqueiras passaram a ser anfitriãs das vivências, e os visitantes têm um momento de interação para entender o trabalho delas, como é todo o processo, desde a pesca até a limpeza do sururu. Essa ação tem um impacto grande, porque as mulheres, antes invisíveis, agora têm espaço para contarem a própria história a partir de um lugar de protagonismo e potência, e não de vitimização. Não são outras pessoas falando a respeito das dores ou vitórias

FIGURA 11. Catação de marisco na Ilha de Deus.
Fonte: Graça Novaes.

FIGURA 12. Visitantes cozinhando com Negralinda.
Fonte: Divulgação Recria.

FIGURA 13. Mariscada pronta.
Fonte: Divulgação Recria.

FIGURA 14. Chef Negralinda.
Fonte: Edy Rocha.

delas, mas elas mesmas falando de si mesmas e do próprio cotidiano, sendo ouvidas por pessoas de universos completamente distintos dos seus. Por essa atividade, a anfitriã também é remunerada, e assim ela percebe na prática, a partir da dimensão econômica, que sua história de vida tem valor também. Isso gera um resultado em cascata, porque, com o sentimento de enaltecimento, ela se fortalece e passa a valorizar o produto do mangue; ao valorizá-lo, ela qualifica a comercialização e gera retorno financeiro e econômico, fortalecendo a atividade; ao fortalecer a atividade, ela mantém o legado cultural.

A valorização dos produtos e das tradições gastronômicas encoraja o surgimento de iniciativas como comedorias, restaurantes e pequenos produtores de itens relacionados, como sobremesas, bebidas artesanais e artesanatos que aproveitam os rejeitos dos mariscos como matéria-prima. Esses empreendimentos, se estiverem pautados pelos valores do turismo criativo e do desenvolvimento territorial, vão buscar adquirir insumos dentro da comunidade, assim como utilizar mão de obra local, quando necessário. Isso gera um grande impacto econômico e traz sustentabilidade para o território.

Embora não tenha uma série histórica para ser analisada, o retorno financeiro pode ser ilustrado da seguinte maneira: o Bistrô Negralinda, na Ilha de Deus, no ano de 2019, recebeu cerca de 7 mil pessoas. Se cada uma paga no mínimo R$ 20,00 (a média é de R$ 40,00), isso totaliza uma receita mínima de R$ 140 mil. Esse dinheiro circula dentro da comunidade porque são empregadas 12 moradoras e todos os ingredientes do restaurante são comprados localmente. Além disso, a empreendedora Negralinda hoje cursa faculdade de gastronomia e é reconhecida pelos pares como chef. A transformação de vida de marisqueira a chef de cozinha reconhecida nacionalmente é inspiradora para muitas mulheres do território.

Por meio da gastronomia, muitas pessoas de espaços urbanos favorecidos puderam se conectar à Ilha de Deus, tiveram curiosidade de saber de onde vêm os ingredientes da famosa mariscada e puderam entender as relações complexas que existem entre aquele território e a cidade – que um prato nunca é só uma comida, mas, sim, um tratado de relações, identidades e significados. Isso impacta não apenas o território em si, mas também a percepção que o local onde o território está inserido tem dele e a percepção que as pessoas têm de paisagens marginalizadas e daqueles que lá vivem, como no caso do mangue.

Em 2020, em razão da pandemia de covid-19, o bistrô não pôde seguir aberto, tanto pelas ações de enfrentamento oficiais quanto por uma questão de zelo com a comunidade. Mesmo depois de liberada a retomada do funcionamento, a empreendedora decidiu não receber pessoas na comunidade. O caminho encontrado foi ampliar a atuação e estabelecer o negócio fora da Ilha de Deus. O grupo abriu uma loja colaborativa e uma filial do Bistrô Negralinda

FIGURA 15. Empreendedores da loja colaborativa do Instituto Negralinda.
Fonte: Edy Rocha.

no bairro de Casa Forte, localizado na zona norte da cidade do Recife, visando fortalecer a cadeia produtiva da ilha (criação, produção e venda de produtos artesanais, gastronômicos e turísticos), com a preservação da compra dos insumos na comunidade, a contribuição para a geração de trabalho e renda das mulheres pescadoras e marisqueiras locais e a ajuda ao desenvolvimento do território. As mulheres empreendedoras sociais da Ilha de Deus criaram o Instituto Negralinda, uma organização de responsabilidade social que tem por objetivo sensibilizar, qualificar e incentivar mulheres de comunidades que desejam se tornar empreendedoras sociais.

Atualmente, o Bistrô da Negralinda na Ilha de Deus funciona sob reserva, além de realizar eventos privados. A chef roda o Brasil ministrando palestras e oficinas sobre suas práticas, e o Instituto Negralinda segue realizando o propósito de fortalecer o empreendedorismo feminino negro por meio de capacitações para grupos produtivos. Esses resultados são possíveis porque o processo de valorização do território transformou as narrativas sobre o local e as pessoas do lugar, e essa transformação impacta o imaginário da sociedade e também o imaginário de quem vive ali. Hoje, as mulheres marisqueiras da Ilha de Deus são artesãs, empreendedoras e facilitadoras dos cursos que o Instituto Negralinda promove, e isso só é possível porque o território, as pessoas e seus saberes foram entendidos a partir de suas potências.

COMO SE CONSTRÓI UMA REDE? O CASO DA REDE NACIONAL DE EXPERIÊNCIAS E TURISMO CRIATIVO

A Rede Nacional de Experiências e Turismo Criativo (Recria) surgiu da necessidade das comunidades periféricas do Recife que tinham produtos turísticos formatados se fortalecerem para ganhar competitividade. Apesar de terem integrado diversas iniciativas de desenvolvimento local, esses territórios não conseguiam ultrapassar as barreiras do mercado e chegar ao turista de maneira competitiva.

Foi então que o polo cultural da Bomba do Hemetério, situado na zona norte recifense – uma das primeiras experiências de turismo comunitário em área urbana do Nordeste e detentor de uma diversidade cultural que parece infinita –, e a comunidade pesqueira da Ilha de Deus, localizada na área sul da cidade, dentro do maior manguezal urbano do Brasil – cujos moradores têm um modo de vida que encanta os visitantes –, se reuniram em torno do movimento Bombando na Ilha, que tinha como objetivo estudar e discutir sobre iniciativas capazes de impulsionar o turismo de base comunitária (TBC).

Entretanto, esse recorte de base comunitária parecia limitar a integração da classe criativa dispersa em diferentes espaços. Concluiu-se, então, que o caminho era agregar atores, experiências, organizações e inteligências que pudessem fortalecer e integrar os territórios, e a plataforma escolhida para esse movimento foi o turismo criativo. E assim, em 2017, a Recria nasceu oficialmente como rede integradora de experiências do turismo criativo no país, visando impulsionar o desenvolvimento das pessoas, do ambiente e da cultura local.

Naquele momento, optou-se por não se estabelecer uma personalidade jurídica própria, pois havia o desejo de experimentar a dinâmica da rede e os modelos organizacionais diversos sem lidar com aspectos que pudessem conter os processos de inovação. Para que isso fosse possível, a Recria se estabeleceu como um movimento da sociedade civil sem fins lucrativos, que funciona como uma célula de inovação dentro do Instituto de Assessoria para o Desenvolvimento Humano (IADH).

Ao longo do tempo, a Recria passou por alguns modelos organizacionais até chegar à forma atual, funcionando a partir de grupos de trabalho (GTs) denominados mandalas, que respondem pelas ações da rede distribuídas por áreas: formação, gestão de comunidade, gestão de conhecimento, comunicação e serviços. Além disso, ela possui um núcleo gestor, cujos integrantes são eleitos

FIGURA 16. Recriantes fundadores no lançamento da Recria.
Fonte: Letiene Ferreira.

a cada dois anos. Esse núcleo gestor atua como um ponto de convergência para contatos e iniciativas da rede, mas qualquer associado tem autonomia para, dentro dos valores e da missão dela, propor ou liderar iniciativas - inclusive, isso é incentivado como forma de cultivar a autonomia e a horizontalidade.

A rede é um sistema complexo que opera em um ambiente de rápidas mudanças, buscando atender com responsividade às necessidades de seus participantes, de si mesma e avançar no fortalecimento do segmento. Ao entender a importância da descentralização da tomada de decisões e o fortalecimento da autonomia, tem experimentado a sociocracia como sistema de governança. Na sociocracia, as decisões são tomadas por consentimento com base em uma estrutura organizacional que busca a equanimidade, a transparência e a eficácia, confiando na inteligência coletiva e na capacidade auto-organizativa do grupo.

Entre as atividades que a Recria promove, estão: o mapeamento e a integração das iniciativas de turismo criativo existentes no Brasil; a articulação de instituições, atores locais e demais inteligências capazes de contribuir para o fortalecimento territorial por meio do turismo criativo; a produção de conteúdo sobre a rede e as experiências de turismo criativo que a integram, disseminando as informações por meio das mídias sociais, publicações científicas e pesquisas que possam contribuir para a consolidação do movimento no Brasil; a construção de plataformas capazes de conectar produtores e potenciais consumidores do turismo criativo; a consultoria a empresas privadas e órgãos públicos interessados em implementar o turismo criativo; a criação de espaços de discussão e debate sobre o turismo criativo no Brasil; a disseminação de conhecimento por meio de oficinas, cursos, palestras e outras oportunidades de aprendizado; a promoção de experiências de turismo criativo associadas à rede; e o suporte à gestão e à comercialização das iniciativas associadas à rede. Ela também assume um papel de sensibilizadora ao provocar o mercado nacional em relação ao turismo criativo, assim como provoca o poder público quanto ao potencial desse turismo como integrador dos ativos do território e propulsor do desenvolvimento territorial.

Para integrar a Recria, as iniciativas precisam demonstrar como sua atividade contribui para o desenvolvimento do território em que estão inseridas. Trata-se de uma perspectiva mais inclusiva e relacional de um turismo feito por pessoas e para pessoas, mas que possui um rígido controle de qualidade e gera encantamento como resultado.

Desde sua fundação em 2017, a Recria tem alcançado resultados significativos: recebeu da Creative Tourism Network o prêmio de melhor estratégia de desenvolvimento do turismo criativo, em 2018; o Prêmio Pernambuco de Turismo, de melhor iniciativa de turismo criativo, em 2019; articulou parcerias entre restaurantes, associações representativas do setor e outros empresários para a realização de eventos que tradicionalmente não aconteceriam em espaços periféricos; e influenciou a política pública ao trabalhar para que Recife desenvolvesse de maneira participativa o Plano de Turismo Criativo e estabelecesse o Fórum de Turismo Criativo do Recife.

Observamos que o movimento turístico atrai visitantes em busca do melhor que um lugar pode oferecer, e a própria percepção como local de produção de riquezas muda a autoimagem da comunidade. Mais confiantes, as pessoas acessam espaços nos quais não tinham coragem de estar ou não se sentiam adequadas; se antes tinham vergonha de mencionar onde moravam, agora são defensoras do próprio bairro, buscam seus direitos de maneira mais ativa e passam a resistir a quaisquer formas de violência perpetradas contra elas.

A melhora da autoestima também se reflete na própria apreciação das manifestações culturais. Geralmente, as expressões folclóricas dependem de subsídios governamentais para serem realizadas e, consequentemente, para continuarem existindo. Experiências de turismo criativo revelam aos moradores e brincantes que existem pessoas interessadas nas culturas locais e que estão dispostas a financiá-las. Isso abre espaço para a prática e a manutenção da cultura e do retorno financeiro a fim de subsidiar as atividades, minimizando a dependência do governo e ampliando a visão a outras possibilidades de monetização.

À medida que as iniciativas se destacam, outros segmentos da sociedade se interessam pelas histórias, o que é facilmente demonstrado pela quantidade de jornalistas desejosos de contar histórias de poder e riqueza nesses locais, por atores do mercado tradicional dispostos a engajar-se em tais projetos e pelo interesse de órgãos do governo em apresentar essas iniciativas como estratégia de turismo. Aos poucos, as comunidades podem ver o aumento do valor do investimento público em infraestrutura.

A consequente visibilidade ajuda a mitigar o preconceito contra esses territórios e, principalmente, relativo às pessoas que neles vivem. É um círculo virtuoso: conforme se modificam as narrativas sobre o lugar, mudam também as imagens sobre aquele espaço e aquelas pessoas. À medida que as perspectivas mudam, as pessoas se sentem mais confiantes para acessar a comunidade, e o turismo criativo incentiva um olhar mais afetuoso para essa troca, em que o anfitrião não é uma atração à mostra, mas o provedor de uma oportunidade de aprendizagem. Essa perspectiva muda o jogo na criação de vínculos e na eliminação do preconceito.

Resultados, oportunidades e desafios do trabalho em rede

Em três anos de atuação, percebe-se que a rede é provedora de recursos diversos para a atividade empreendedora. Na rede, o agente encontra credibilidade para acessar espaços que, sozinho, não alcançaria, e isso tem feito que as iniciativas oriundas de territórios periféricos, que foram o estímulo primeiro para o surgimento da Recria, hoje tenham visibilidade e consigam alcançar o mercado de maneira competitiva. É visível que os empreendimentos tiveram resultados positivos, observados diretamente no crescimento dos empreendedores, mas também no movimento. A Recria é hoje reconhecida nacional e internacionalmente como exemplo de estruturação e desenvolvimento do turismo por meio do turismo criativo.

O trabalho em grupo demanda confiança, mas estabelecê-la leva tempo porque ela surge do trabalho conjunto e não de modo linear, constante e crescente. Confiança exige atenção permanente e afeto – elemento que aprendemos a não valorizar, por isso precisamos redescobrir como praticá-lo. Percebemos com isso que o tempo também deve ser considerado, pois é necessário que haja paciência e visão de longo prazo para cultivar as relações, e os resultados podem não acontecer na velocidade que aprendemos a desejar.

O engajamento e a autonomia para estruturar o processo horizontalizado da rede não é simples. As pessoas tendem a não ficar confortáveis assumindo responsabilidades pelo grupo, então a confiança é mais uma vez requerida – é preciso ter confiança de que, se você não der conta, terá suporte. Outro aspecto que influencia o engajamento é o retorno financeiro. Mesmo a rede sendo um mecanismo que favorece a competitividade do empreendedor, para que ela funcione leva tempo, como dito anteriormente, e, nesse ínterim, muitos empreendedores se distanciam do processo por desejarem resultados mais rápidos. É difícil aderir a um processo cujo retorno financeiro é incerto e demorado, enquanto existe uma necessidade real e imediata de subsistência. Assim, as demandas de sobrevivência imediata e a falta de resultados rápidos influenciam o engajamento do grupo. Essas características tornam o trabalho um processo que se expande e se contrai, não sendo incomum que poucas pessoas persistam no final.

Isso também se reflete na sustentabilidade das ações da rede. No momento inicial da Recria, escolheu-se não cobrar qualquer contribuição financeira dos associados; as atividades da rede se mantêm de maneira completamente voluntária e pela captação de recursos por meio de projetos. Entretanto, após três anos de existência, a rede já entendeu as dinâmicas internas, a relação com os parceiros e o potencial de retorno para os associados e para a sociedade em geral. Desse modo, ela se prepara para estabelecer uma relação de troca diferente, com a inclusão de contribuição financeira dos associados.

Cada rede vai encontrar o modelo organizacional próprio. O modelo escolhido pela Recria não é o mais simples, mas é um que oferece a chance de muito aprendizado. O caminho trilhado pela Recria demonstra que a rede é uma possibilidade de organização mais adequada às demandas da contemporaneidade, nas quais os processos precisam ser fluídos, e a capacidade de adaptação à realidade, uma tônica. Percebe-se que, cada vez mais, a demanda será por aspectos humanos, pela inteligência criativa, e isso é amplamente cultivado na Recria. O desafio é conseguir estruturar esses fluxos de modo a ter uma operação eficiente sem engessar a dinâmica da rede.

PEQUENOS NEGÓCIOS E O USO DAS PLATAFORMAS DIGITAIS – O EXEMPLO DA LA URSA TOURS

La Ursa Tours é uma iniciativa de cicloturismo que recorre aos princípios do turismo criativo para apresentar Recife e Olinda aos visitantes. Os seus empreendedores, além de apaixonados por essas cidades, são cicloativistas e escolheram mostrar a realidade sob a perspectiva de quem anda por elas e experimenta toda a sua beleza, mas também acessa muitas de suas mazelas.

FIGURA 17. Rolê da La Ursa Tours pelo Recife.
Fonte: Roderick Jordão.

A La Ursa nasceu em 2017 e, desde o começo, seu modelo foi pensado para não ter pontos físicos, empregando as plataformas disponíveis para rodar suas ações. Desse modo, a promoção e a comercialização são feitas por plataformas digitais, e as bicicletas utilizadas nos "rolês" (como eles chamam seus passeios) são do sistema público de compartilhamento, a Tembici. No início, a La Ursa usava o Instagram para promoção e comercialização, e, à medida que foi amadurecendo, ampliou sua presença digital. Hoje, a iniciativa adota TripAdvisor, Airbnb, Sympla, Google, Instagram e WhatsApp para chegar aos clientes. Inclusive, nos anos de 2018, 2019 e 2020, a La Ursa recebeu o prêmio Travellers' Choice do TripAdvisor na categoria melhor passeio ao ar livre.

Essa escolha pela presença digital faz muito sentido, porque o público da empresa é majoritariamente de mulheres com alto nível de educação formal e entre 25 e 40 anos. São pessoas que organizam suas viagens de modo mais independente e têm desenvoltura com o meio virtual. Um dos sócios da iniciativa, Roderick Jordão, contou que no lançamento da empresa eles fizeram um esforço de promoção distribuindo folhetos em meios de hospedagem e apresentando a iniciativa aos recepcionistas, ação comum para a comercialização do turismo tradicional, mas não tiveram muito retorno; apenas duas das hospedagens visitadas enviaram algum turista – mas nada que justificasse o investimento nesse tipo de promoção.

Esse exemplo levanta diversas reflexões sobre como as iniciativas de turismo criativo podem se beneficiar da presença nas plataformas digitais: (a) o perfil do cliente que busca turismo criativo é de alguém mais independente, que valoriza autonomia, e as plataformas digitais possibilitam ter os serviços à mão e customizar uma viagem; (b) muitas pessoas na cadeia do turismo tradicional não compreendem exatamente as experiências de turismo criativo e têm dificuldades em apresentar e vender os encantos desse tipo de experiência, inclusive porque muitas vezes é difícil para elas próprias entenderem o que alguém vai querer ver pedalando sob o sol quente pelas ruas do centro da cidade; (c) as plataformas digitais possibilitam também autonomia ao empreendedor, que tem à mão os controles necessários para gerenciar sua oferta e lidar com ferramentas de gestão e controle dos atendimentos, sem precisar desenvolver ou contratar um sistema próprio; (d) são soluções de baixo custo, o que contribui para manter os custos fixos baixos – as pagas cobram comissão por venda realizada, então o empreendedor só paga se vender, e algumas são gratuitas.

Usar as plataformas digitais é fácil, e a curva de aprendizagem é rápida, especialmente se o empreendedor estiver em rede e contar com o apoio de outras iniciativas que estejam vivenciando ou que já tenham passado por esse processo. Entretanto, é preciso estar atento ao melhor emprego estratégico de cada plataforma e à relação de seu cliente com elas; cada uma responde melhor a um fim e tem funcionalidades com as quais os consumidores têm mais facilidade de interação. No caso da La Ursa, eles utilizam o Google Maps e o TripAdvisor como vitrine, são os espaços nos quais os usuários podem fazer reviews e que despertam a curiosidade e o desejo de outros visitantes de participar das vivências da La Ursa. No universo digital, os turistas confiam mais em outros turistas que compartilham experiências culturais similares do que nos impressos atrativos produzidos pelas empresas para seduzir. Além disso, estar atento aos comentários pode contribuir para melhorar a qualidade do serviço, aumentar a satisfação do visitante e fornecer ideias a fim de incrementar as vivências.

Hoje, a La Ursa possui dois rolês regulares e quatro rolês temáticos. Os rolês regulares são comercializados pela plataforma Airbnb, pois eles podem acontecer a qualquer dia e hora, de acordo com a disponibilidade dos anfitriões, e a plataforma permite facilmente a gestão desses agendamentos. Já os rolês temáticos têm datas específicas alinhadas com o tema, como o Rolê Recife dos Carnavais, que acontece em datas no período pré-carnaval, ou o Rolê da Lua Cheia, que ocorre nos dias de Lua Cheia com visibilidade. Eles são tratados como eventos e comercializados na plataforma digital Sympla, com data de abertura e fechamento de vendas, e toda essa gestão é realizada pela plataforma. Para os sócios, essas plataformas apresentam boas ferramentas de gestão e acompanhamento das vendas, proporcionam usabilidade, autonomia e controle a baixo custo, além de ter bom alcance com os clientes.

O aumento do uso das redes sociais e a disponibilização maciça de internet favoreceu uma comunicação mais direta entre oferta e demanda. Hoje, rapidamente, o cliente encontra a empresa e já entra em contato direto usando as redes sociais; isso aproxima o cliente da empresa, fortalece a relação e melhora a comunicação, tornando mais fácil entregar uma solução customizada. As ferramentas utilizadas pela La Ursa para estar em contato direto com o cliente são o Instagram e o WhatsApp. No Instagram, além da promoção, há um ponto de contato e de informações: tudo o que é preciso saber sobre os rolês está na plataforma, e ela pode ser o primeiro meio de contato. A partir daí, a fim de seguir com a comunicação, o cliente é direcionado para o WhatsApp.

Uma tendência recente, mas cada vez mais presente e potente, são os influenciadores. Uma vez que os viajantes planejam suas viagens a partir de dicas de amigos e pessoas em quem confiam, os influenciadores de viagens têm sido mais pesquisados na busca de dicas de como viver o local de maneira autêntica. À medida que a atividade de influenciador digital vai se fortalecendo, vão se formando verdadeiras legiões de seguidores fiéis e que acompanham suas recomendações, consolidando a reputação do influenciador e alimentando a cadeia de influência. Apesar de não investir em parcerias com influenciadores digitais, duas interações desse tipo foram importantes para o destaque da La Ursa no mercado. Uma foi a publicação feita pela jornalista, produtora de conteúdo e influenciadora de viagens Luísa Ferreira, em seu blog *Janelas Abertas*, que, segundo Roderick, foi responsável pela chegada de muitos clientes até eles; e a outra foi a aparição da La Ursa em um programa de turismo apresentado pelo influenciador digital Caio Braz, o que fez o número de seguidores da empresa no Instagram subir bastante. Apesar de ainda não ser possível mensurar se isso vai se converter em vendas, podemos verificar que já se refletiu em visibilidade.

A mais recente investida da La Ursa é em um roteiro audioguiado. Recife possui um sistema de ciclofaixa que funciona aos domingos e feriados, e a La Ursa identificou a oportunidade de oferecer uma condução pelos locais por onde passa a ciclofaixa, mas de maneira autônoma para os ciclistas. Mais uma vez, a solução encontrada foi usar uma plataforma digital para disponibilizar

FIGURA 18. Rolê audioguiado da La Ursa Tours.
Fonte: Roderick Jordão.

esse serviço. Essa é uma forma de oferecer uma experiência barata e escalável que não dependa integralmente do anfitrião para acontecer. Além disso, ela pode ser replicada em diversos roteiros e destinos.

Os pilares estratégicos para a promoção e a comercialização na era digital passam pelo relacionamento; é preciso criar conteúdo, oferecer curadoria, conectar pessoas e lugares e promover o senso de comunidade. Basicamente, você cria um conteúdo, disponibiliza um link e o distribui nas redes. A partir do *buzz* que se forma, você interage com a audiência, em vez de apenas tentar convencer as pessoas sobre os benefícios de seu produto, como no marketing tradicional. Essa dinâmica parece beneficiar o empreendedor do turismo criativo, uma vez que ele é a cara do próprio negócio, e a atividade em si já propicia uma relação mais pessoal com o viajante. Entretanto, a criação de conteúdo e o acompanhamento de seus desdobramentos demanda muito tempo, algo que o pequeno empreendedor do turismo criativo não tem. Resta a ele perceber a importância desse movimento e tomar a decisão estratégica de investir em suporte para essa atividade.

O turismo criativo, por sua característica relacional, pode se beneficiar bastante das oportunidades que as plataformas digitais oferecem, especialmente no que tange ao uso de fotos, vídeos, tours virtuais, *storytelling* e possibilidade de aproximação com o público. Além disso, essas plataformas parecem ser uma boa solução para a gestão da promoção e da comercialização das experiências de turismo criativo, uma vez que são de baixo custo, fácil usabilidade e amplo alcance.

terceira parte

TURISMO CRIATIVO E SUSTENTABILIDADE

TURISMO CRIATIVO: PLATAFORMA DE INTEGRAÇÃO E DESENVOLVIMENTO TERRITORIAL

Para que possamos refletir sobre o desenvolvimento territorial de modo integral, o primeiro passo é colocar a lente do pensamento sistêmico a fim de enxergarmos a relevância do local na composição do sistema global. O território é o espaço de transformação social. É ele que detém os recursos culturais, institucionais, econômicos e humanos que, em mútua interação, geram ideias e projetos com potencial de desenvolvimento.

O território não é um espaço isolado e definido em si mesmo, mas resultado das relações entre os aspectos físicos, geográficos, humanos e o meio com o qual se relaciona, influenciando e sendo influenciado. A intenção, com essa afirmação, é desmistificar o desenvolvimento territorial como circunscrito obrigatoriamente a lugares periféricos e economicamente pobres e convidar a investigar, com um olhar sistêmico, como cada território, sendo uma parte do todo, pode se desenvolver e contribuir para um sistema mais equilibrado, justo e ecológico. Todo e qualquer território é espaço de potência que, devidamente trabalhado, pode colaborar para um sistema global melhor, mais saudável e equânime – cada um com sua peculiaridade.

Embora o conceito de turismo criativo, em si, não contenha o desenvolvimento territorial sustentável como premissa, sua revisão à luz da prática reconhece que a evolução local precisa estar, necessariamente, contemplada em suas estratégias de desenvolvimento. Afinal, tanto o turismo criativo quanto o desenvolvimento territorial estão ancorados em premissas que têm na comunidade sua fonte de recursos e sua razão de existir.

Como muito bem pontua Sergio Molina (2009), o desenvolvimento do turismo ao longo do tempo tem se pautado no princípio da escassez, que se fundamenta em uma ação setorial, com benefícios limitados ou nulos aos territórios anfitriões, uso inadequado dos recursos naturais e culturais e políticas públicas voltadas para atender os tipos convencionais de turismo. A escassez é baseada na premissa de que não tem para todo mundo e, por isso, é preciso garantir a máxima exploração, a fim de reunir o máximo de benefício da ação. Felizmente, esse pensamento não tem mais espaço no século XXI, e o que Molina propõe é, justamente, um desenvolvimento turístico com base na abundância.

Essa visão de mundo pressupõe que o território possui todos os recursos necessários ao próprio desenvolvimento: recursos naturais, culturais e sociais. E o recurso financeiro? Nesta concepção, passa a ser encarado apenas como um dos recursos, que pode ser conseguido a partir da mobilização dos demais. Além disso, os indicadores de desempenho medem o sucesso para além do retorno financeiro, como os níveis de colaboração, os níveis de manutenção dos recursos naturais, os índices de pessoas que seguem habitando o território, entre outros.

Esse pensamento converge com o conceito de desenvolvimento local sustentável, uma estratégia que parte do princípio de que é preciso reforçar potencialidades locais, de maneira integrada, criando oportunidades econômicas, sociais e educativas necessárias ao aprimoramento do ser humano e garantindo que essas condições tenham sustentabilidade.

Diante disso, é possível entender o turismo criativo como uma plataforma que estimula o planejamento do turismo inclusivo e sustentável, uma vez que, para seu desdobramento, os principais recursos são as pessoas e os ativos peculiares do território. Ademais, ele não necessita de grandes investimentos em infraestrutura e, também por isso, qualquer lugar pode se desenvolver utilizando-o como base, já que, em vez de parques temáticos e patrimônios materiais, por exemplo, o que se espera vivenciar é o intangível, a atmosfera, o estilo de vida, as histórias. Esse aspecto minimiza a relevância de questões relacionadas ao investimento financeiro, além de responder positivamente aos aspectos ligados ao impacto ambiental causado por grandes estruturas, como resorts, parques e complexos hoteleiros – impactos esses que, infelizmente, podem ser observados em diversos balneários ao longo do litoral brasileiro.

Diferentemente de uma simples ação no local, o turismo criativo amplifica as ações ao estimular trocas com outros espaços a partir da estruturação e da entrega de experiências que apresentam o território na expressão de sua potência. Ancorada na cocriação, em que anfitrião e visitante são produtores e aprendizes, surge uma interação que ressignifica os espaços e as hierarquias, valoriza o local e gera aprendizagem para ambas as partes. Com as duas partes sensibilizadas, ela permite que a transformação aconteça não apenas no momento do encontro, mas também depois dele, nas interações em que visitante e anfitrião se engajarão, gerando um movimento de influenciar e ser influenciado que tem potencial para seguir transformando os espaços nos quais esses atores possam interagir.

Esse movimento resgata a autoestima da comunidade, estimula o desenvolvimento econômico, aumenta o conhecimento com o incentivo à escolaridade e diminui preconceitos. Para além de ser um movimento que gera autoestima na comunidade e encoraja o desenvolvimento territorial amplo, o turismo criativo é capaz de integrar as atividades do território e responder às carências provocadas pelo turismo tradicional. Se desenvolvido de maneira planejada e com a participação ativa da comunidade, pode resultar em sustentabilidade financeira para o coletivo e em reforço dos laços sociais e afetivos entre os integrantes e seu território.

Mas é importante ressaltar que o processo descrito não beneficia ou se restringe ao território periférico – ou, como costumeiramente nomeamos esses territórios, à comunidade. Como reforçado em diferentes momentos, o turismo criativo tem potencial para integrar a cidade, os criativos, os brincantes populares, as tradições, as inovações e os viajantes em uma construção de trocas que deve ser forjada à base do respeito pelas pessoas, pelo intercâmbio de conhecimento e pelo local. Ele também integra diversos microempreendedores e motiva a circulação financeira, potencializando a sustentabilidade. Em outras palavras: é um turismo integrador, que não descarta, não marginaliza e não exclui.

Trabalhar o turismo criativo enquanto estratégia de desenvolvimento territorial não é simples e requer um esforço integrado entre os setores público e privado e a sociedade civil organizada, especialmente nos países em desenvolvimento. Essa discussão não deve ser realizada apenas dentro da comunidade turística; precisa passar, também, pela revisão dos padrões de consumo dos turistas em geral, pois, ainda que exista uma grande oferta de experiências de turismo criativo, é preciso que a demanda por esse tipo de atividade cresça. Afinal, essa ainda é uma modalidade de turismo de nicho que implica atender clientes muito especializados e em pequeno número, embora esteja em crescimento.

TURISMO REGENERATIVO

O turismo em sua forma tradicional está entre as atividades consideradas vilãs da sustentabilidade/regeneração. É uma atividade degenerativa, porque consome muitos recursos naturais, explora comunidades locais, altera a cultura local e não distribui os lucros da operação, que geralmente ficam com os grandes conglomerados empresariais.

O processo se repete em vários lugares do mundo e faz parte do fenômeno da "globalização do turismo": primeiro, um lugar remoto é "descoberto", a notícia se espalha, viajantes alternativos começam a fruir o local, o destino ganha fama, guias turísticos passam a indicá-lo e uma onda de viajantes começa a visitá-lo. Quando esse processo ocorre sem planejamento e infraestrutura adequada (quase sempre), os impactos são graves para os moradores do local: lixo acumulado; redes de serviços básicos, como água, esgoto e energia, insuficientes; aumento dos preços de produtos básicos; e grandes operadoras de fora, muitas vezes estrangeiras, se apropriando do dinheiro gerado pelo turismo. Isso sem considerar as alterações culturais que o turismo causa na comunidade.

Mas não precisa ser assim. Há um esforço coletivo para se pensar modelos de turismo mais sustentáveis, e o turismo criativo se alinha com diversos objetivos de desenvolvimento sustentável (ODS), como promover cidades e assentamentos humanos inclusivos, seguros, resilientes e sustentáveis (objetivo 11); garantir o consumo e a produção sustentáveis (objetivo 12); e monitorar os impactos do desenvolvimento sustentável em relação ao turismo sustentável que gera empregos e promove a cultura e os produtos locais (objetivo 12b) (ONU, 2022).

Na esteira das transformações sociológicas do final do século XX, o turismo também foi se movimentando e ofereceu condições ao surgimento do turismo criativo, operado em pequena escala e baseado nas trocas de conhecimento entre viajante e anfitrião, que valoriza as peculiaridades do local, estimula a sustentabilidade cultural, a inclusão social e a melhoria da qualidade de vida. Essa dinâmica de se fazer turismo nos convida a pensá-lo sob a óptica do decrescimento, o que, para alguns, pode parecer loucura, mas que se mostra uma estratégia interessante se considerarmos os indicadores de impacto para além do econômico. O paradigma de um turismo mais sustentável deve operar com uma governança compartilhada com intensa participação popular que promova ações de preservação e recuperação socioambientais e que gere oportunidades que incluam todos, especialmente aqueles que estão tradicionalmente à margem, de modo a assegurar benefícios econômicos, manutenção dos bens culturais materiais e imateriais e sustentabilidade da atividade.

Nos dois últimos anos, a profunda crise no setor de viagens em função da pandemia de covid-19 exacerbou os sintomas de um sistema potencialmente predatório e nos mostrou a necessidade de pensar sobre novos modelos e abordagens para o estabelecimento de um turismo mais resiliente e inclusivo, que apoie as comunidades, compartilhe as responsabilidades e os ganhos, promova a cultura e valorize os saberes e os fazeres endógenos. A crise nos mostrou que não basta ser sustentável; é preciso criar estratégias de reposição, de revitalização, para que os territórios se fortaleçam e a atividade continue a acontecer.

Isso nos conduz a pensar um novo conceito: o turismo regenerativo. Nesse contexto, o turismo passa a ser trabalhado como uma plataforma para o desenvolvimento local integrado, de modo a promover o bem-estar local, a revitalização e a sustentabilidade de amplo espectro. A sustentabilidade está orientada a reduzir o impacto negativo de atividade humana no planeta. A abordagem regenerativa, por sua vez, está baseada em uma visão de mundo integrada e promove ações alinhadas com os padrões naturais que nutrem o sistema considerando o impacto em todos os níveis.

Na prática, o turismo regenerativo busca estabelecer ações que se ancoram em indicadores além do crescimento e do lucro, em uma abordagem holística de desenvolvimento e crescimento. Os destinos mais competitivos são aqueles com capacidade de adaptação e reinvenção, e isso só é possível quando se tem envolvimento comunitário real capaz de compreender as singularidades do território e articular as narrativas emergentes com as histórias do local. À medida que o projeto se torna o plano da comunidade, ela trabalha para que o sucesso seja constante, e o engajamento comunitário multissetorial encoraja o compartilhamento profundo de valores e aspirações, facilita o diálogo entre diferentes atores e setores e contribui para promover um maior senso de comunidade, propriedade e empoderamento da comunidade que prevalecerá ao longo do tempo.

Nesse processo, o bem-estar da comunidade torna-se destaque e pode encorajar estratégias semelhantes à coopetição. Os participantes da economia local vão trabalhar para ganhar, mas também para favorecer o ganho dos demais, assim como vão desenvolver redes locais de colaboração. Há o entendimento de que os recursos são de todos e que precisam ser utilizados com inteligência para que todos ganhem com otimização do uso a longo prazo. Com isso entendido, vemos que o turismo regenerativo pode ser de grande valor para:

- Ajudar na regeneração de destinos turísticos que sofreram com turismo de massa.
- Ajudar os destinos a lidar com os impactos negativos do turismo de massa.
- Contribuir para o desenvolvimento integrado da atividade turística como forma de incluir e fortalecer paisagens, lugares ou comunidades marginalizadas, que não são necessariamente um destino turístico, mas que têm potencial para se tornar um.

Essas aplicações são como uma porta de entrada para o turismo regenerativo, que não se limita a regenerar áreas degradadas, mas deve ser incluído nos diversos contextos do desenvolvimento do turismo, de modo a contribuir para a longevidade do destino e da atividade, gerando desenvolvimento para quem atua hoje e para as próximas gerações.

Para além do impacto no local, o turismo regenerativo tem potencial para reverberar de maneira ampla e impactar outros contextos. Ele tem a capacidade de estimular a empatia: quando uma pessoa se propõe a viajar, ela está saindo de seu lugar habitual para experimentar algo novo, diferente, portanto, está aberta a experimentações e interações fora do habitual. Esse comportamento favorece o estabelecimento de relações com pessoas, lugares e culturas com os quais, em seu ambiente natural, ela não teria contato, curiosidade – ou até, pelo contrário, há certo preconceito. Uma vez que o viajante está relaxado, em busca de experimentar coisas diferentes, e por isso mais aberto a apreciar outros modos de vida – condições essas que facilitam o aprendizado –, as relações se estabelecem em melhores condições de abertura e vulnerabilidade, favorecendo um olhar empático. Esse olhar pode estimular relações mais éticas entre pessoas de diferentes culturas e esferas socioculturais (TUCKER, 2016), pois tem a capacidade de facilitar o entendimento intersubjetivo, inclusive levando pessoas de etnias dominantes a ter consciência do próprio privilégio e, a partir dessa consciência, estimular mudanças nas bases de seus privilégios.

O processo descrito está imbricado à prática do turismo criativo, bastante alinhada ao turismo regenerativo, pois, ao conhecerem profundamente um local, suas práticas, seus saberes e seus valores, os visitantes são tocados e potencialmente se tornam defensores, passando a repensar as próprias práticas, não apenas em relação ao local que foi visitado, mas a todos os locais com os quais interagem. É a máxima de que, para gostar, é preciso conhecer e ter contato com o local a partir de uma experiência que coloca o visitante como parte ativa do processo, que mostra a ele que viajar não é apenas fruir um destino, mas construir uma relação com outros espaços diferentes dos seus.

O turismo regenerativo demanda uma mudança de visão do viajante como cliente e do anfitrião como fornecedor para um paradigma em que o visitante é também responsável pelo destino que ele visita e que deseja encontrar. Assim como no turismo criativo, o viajante é responsável pela experiência que deseja ter. Em todos os casos, essas abordagens não funcionam sem um comprometimento total dos tomadores de decisão e agentes locais em relação a uma estratégia de desenvolvimento local que envolva a comunidade no processo de tomada de decisão, que impeça o crescimento do turismo em níveis insustentáveis e que considere explicitamente o bem-estar da comunidade e do ecossistema local.

Em razão de sua dinâmica de operação e capacidade de fortalecer a comunidade, o turismo criativo tem sido apontado como uma forma de remodelação do turismo, porque possui princípios que respondem aos desafios do turismo atual, gerando não apenas sustentabilidade, mas regeneração nos territórios e nas relações.

TURISMO CRIATIVO E AS AÇÕES DE ENFRENTAMENTO AOS DESAFIOS DA PANDEMIA DE COVID-19

Desde 2020, tivemos de conviver com o vírus da covid-19. Essa pandemia nos colocou diante de aspectos de nossa relação com o planeta que não podemos mais ignorar. Estressamos nosso mundo em um nível de difícil retorno, e a cada ano o Dia da Sobrecarga da Terra acontece mais cedo. Continuamos operando um modo de vida pautado em relações estabelecidas por sua utilidade e no consumo exagerado que serve para compensar a falta que nos faz as relações genuínas, e, nesse movimento, acabamos por coisificar as pessoas.

Talvez o vírus e toda a movimentação que ele causou tenham chegado como um convite para que resgatemos nossa humanidade. O turismo criativo se revela claramente uma plataforma potente para estimular relações, para dar suporte à retomada da atividade turística e para se pensar um desenvolvimento econômico mais integrado e integral.

O turismo é uma plataforma muito potente para estimular o desenvolvimento econômico, mas talvez esteja na hora de repensarmos como ele pode ser mais bem trabalhado para que os resultados gerados sejam maiores e mais sustentáveis do que os impactos negativos que hoje encontramos em destinos turísticos. Por que insistir em pensar o desenvolvimento apenas em termos de crescimento econômico? O que significa desenvolvimento?

A economista Kate Raworth (2019) diz que não podemos crescer para sempre e que nos resta repensar nossas métricas de sucesso para além do econômico. Se um destino não pode se expandir eternamente, é preciso refletir quais outros indicadores podem nos sinalizar que estamos no caminho certo. Nesse sentido, analisar a manutenção das comunidades nativas nos destinos que estão sendo trabalhados para o uso inteligente dos recursos naturais, para uma distribuição de benefícios oriunda daquilo que abarca todos os segmentos afetados pela atividade turística, pode nos dar indícios de para onde devemos olhar quando pensamos em um turismo realmente sustentável.

E o que o turismo criativo tem a ver com isso? Em função de suas características, o turismo criativo pode atender às demandas de um desenvolvimento turístico sustentável, afinal:

- É uma atividade ofertada pela população, que não depende de grandes infraestruturas e grandes investimentos; quando trabalhamos para que a comunidade nativa do destino permaneça no espaço, fortalecemos a autenticidade do destino, aumentando sua competitividade e garantindo condições justas de trabalho e renda à população.
- É uma atividade que prioriza pequenos grupos, não necessitando de um grande número de pessoas ofertando experiências para atender à demanda – isso gera uma distribuição de renda mais abrangente e igualitária.
- Os recursos estão na comunidade, diminuindo os gastos com logística e fortalecendo a identidade e a cultura locais, com ampliação da inclusão produtiva.
- Depende de atividades relacionais, em que cada pessoa que participa sai tocada de alguma maneira. No turismo criativo, sua experiência é proporcional à sua abertura: quanto mais disponível para o encontro você estiver, mais profundamente a experiência vai tocá-lo. E, se você sai transformado da experiência, detém o potencial de reproduzir essas transformações em sua comunidade, de modo que micromovimentos podem ser espalhados e alimentar grandes revoluções.

E como o turismo criativo vem respondendo aos desafios da pandemia? O turismo criativo tem uma grande capacidade de adaptação e inovação, por isso, foi um dos primeiros segmentos a retornar às atividades. Alguns fatores são preponderantes para essa resiliência:

- Naturalmente o turismo criativo opera com grupos pequenos, o que favorece os protocolos de distanciamento físico, e muitas vezes o grupo que participa da vivência é composto por pessoas de uma mesma família. Assim, as iniciativas de turismo criativo não precisaram adaptar suas operações ou precificação a fim de atender pequenos grupos.
- As experiências de turismo criativo acontecem no espaço privado do anfitrião, o que gera mais cuidados sanitários, para não colocar em risco suas famílias e/ou parceiros.
- É uma oferta bastante interessante para a demanda de *staycation* (tendência de viagens em que o viajante reside em lugares distantes até 300 km do local visitado ou é morador da própria cidade, mas desfruta dela como turista), uma vez que a mesma experiência pode ser vivenciada diversas vezes de maneiras diferentes em razão da capacidade de inovação e adaptação das iniciativas de turismo criativo.

Pelo fato de as iniciativas do turismo criativo estarem ancoradas nos saberes e fazeres locais, se utilizam bastante da produção associada ao turismo. Com isso, puderam adaptar suas vivências com experiências tangíveis por meio de produtos que proporcionassem sensações que remetessem à experiência turística, como kits de banho associados a cachoeiras e à tranquilidade de um território, cestas de comidas e bebidas típicas com uma orientação sobre o preparo, kits de harmonização de cervejas com alimentos de um território, etc.

As iniciativas de turismo criativo foram as primeiras a oferecer tours virtuais. Como mencionado, os pequenos empreendedores se favorecem da organização em rede, e, por estarem em rede, têm um espaço potente para trocas, aprendizagem e suporte. Esse ambiente possibilitou uma rápida inclusão nas plataformas digitais, e em um primeiro momento as iniciativas ofereceram tours virtuais. Quando foi possível voltar aos tours presenciais, o movimento de virtualização das experiências seguiu acontecendo como uma forma de promoção de vivências, e hoje já é comum nas atividades turísticas. A presença nas plataformas digitais se consolidou como uma profícua maneira de comercialização.

Da mesma maneira, foi possível perceber várias iniciativas se unindo para estabelecer espaços de vendas colaborativas, que agregam produtos de diversos territórios sob um mesmo tema e os comercializam utilizando as tecnologias da informação e comunicação (TICs).

Aliás, a visão de que estamos todos conectados e que só podemos avançar se atuarmos de maneira colaborativa é a grande lição que podemos tirar de tudo isso: de nada vale um indivíduo se cuidar se não olhar para o seu vizinho. Vivemos todos no mesmo planeta e, se não pensarmos coletivamente, não sobreviveremos. O que aconteceria se, no futuro, a fim de evitar multidões, o governo de Barcelona passasse a pensar suas estratégias em colaboração com destinos próximos com os quais pudesse compartilhar a própria demanda? Talvez Barcelona precise, inclusive, investir no desenvolvimento de outros destinos para continuar a atender a sua demanda nas condições pós-pandemia. Seria muito revolucionário se as pessoas e os negócios considerassem verdadeiramente a possibilidade de cooperarem entre si, transmutando de uma lógica de competição para uma lógica de colaboração.

O turismo criativo pode nos ajudar a transmutar nossa visão de mundo. O cuidado é um elemento estruturador do turismo criativo, assim como é a colaboração. Cuidar das pessoas, das relações e dos territórios pode nos levar além, por isso as pessoas que recorrem ao turismo criativo como plataforma de regeneração territorial são mais aptas a responder às demandas de um mundo com pandemias e outras ameaças, porque o cuidado com as relações é condição para que tudo possa acontecer.

CAMINHOS PARA A APLICAÇÃO DO TURISMO CRIATIVO COMO PLATAFORMA DE DESENVOLVIMENTO TERRITORIAL SUSTENTÁVEL

O turismo criativo é mais do que uma tendência com forte apelo comercial, uma vez que ser um viajante consciente está na moda. Vemos em diversos fóruns o aumento do interesse por formas mais sustentáveis de operar o turismo e discussões sobre como desenvolver o turismo criativo de maneira estratégica, de modo a ser uma atividade boa não só para o visitante, mas também para o local. Some-se ao interesse pelo turismo criativo a curiosidade por áreas afins, como o turismo de base comunitária (TBC), o turismo regenerativo e o pensamento sistêmico de desenvolvimento comunitário, e temos então uma ambiência muito favorável para estimular, apoiar e desenvolver iniciativas de turismo criativo com foco no desenvolvimento territorial.

O primeiro ponto a ser observado é o cultivo de um ambiente vibrante que estimule a inovação e a criatividade. Assim, o território atrai pessoas, ideias e projetos interessantes que retroalimentam a ambiência, e esse é o espaço profícuo para nutrirem as experiências de turismo criativo, de modo a se renovarem e criarem novas conexões. Esse movimento pode ser estimulado por meio da promoção de momentos de aprendizagem, como troca de experiências e projetos cocriados, oportunidades para experimentações e estímulo a processos de ideação, prototipagem e testes que envolvam atores com habilidades, interesses e capacidades diversas.

Para que esse movimento nutridor da ambiência se estabeleça, o suporte de políticas públicas é imprescindível. Para uma ação ser transformadora, ela depende inicialmente da vontade dos indivíduos em fazê-la acontecer. Então, eles se reúnem em torno de um propósito comum e começam a executar as ações exigidas. Mas isso tem um limite e, para que os resultados continuem acontecendo, é necessário que a política pública seja considerada a fim de serem elaboradas ações estruturadoras que possam dar suporte ao desenvolvimento do que a comunidade iniciou. Inclusive, é muito comum ver esse tipo de processo: a comunidade começa a se mobilizar em torno de algo que deseja; ao ver os resultados acontecendo, a política pública se manifesta e deposita atenção naquilo. Assim, a política pública precisa assumir seu papel e oferecer à comunidade a estrutura necessária para suportar e estimular o desdobramento das iniciativas e a manutenção da ambiência favorável.

A política pública, para ser efetiva, precisa funcionar com a comunidade, então as ações devem ser pensadas de maneira conjunta – para isso, ter uma governança estabelecida é fundamental. Uma governança bem estabelecida impacta fortemente a continuidade das ações e o direcionamento do que é mais importante para o território no momento. Quando as pessoas percebem que as estruturas de suporte necessárias estão sendo criadas, elas se sentem mais confiantes em colocar a própria energia no processo porque compreendem que não estão sozinhas e que há grandes chances de que seus esforços sejam recompensados. Isso é reforçado se elas sentem que estão sendo ouvidas e que são parte ativa na tomada de decisão. É gerado um efeito cívico interessante porque, geralmente, entendemos a coisa pública como algo de ninguém, quando na verdade é de todos nós, e estar engajado na governança e ser parte ativa do processo reflete em outras áreas da vida política das pessoas.

Outro ponto relevante para que o turismo criativo funcione bem como plataforma de desenvolvimento territorial integrado é o estímulo à organização em redes de aprendizagem e colaboração. Só há desenvolvimento no encontro com o outro: quando um indivíduo encontra o outro, ele encontra complementaridades e desafios que o impulsionam para além do que ele conhece. Essa é a essência do turismo criativo. Para trabalhar iniciativas de turismo criativo capazes de desenvolver o território, é fundamental estabelecer parcerias que possam contribuir com as iniciativas, e a partir desse encontro contribuir também com a nutrição do sistema. Para o turismo funcionar, é essencial que diversos segmentos trabalhem juntos, mas isso não significa que estejam integrados; para esse funcionamento, é exigido um esforço conjunto que reúna a iniciativa privada, governos, agências de desenvolvimento, agentes de promoção, empresas tradicionais, criativos e todos que possam contribuir e se beneficiar da atividade. Uma rede sólida de colaboração facilita não só a gestão e a inovação entre os empreendedores, mas também dos empreendedores com os visitantes que podem se tornar uma comunidade estendida, conectados a um local mesmo depois de um tempo da experiência, em um processo de cocriação de valor.

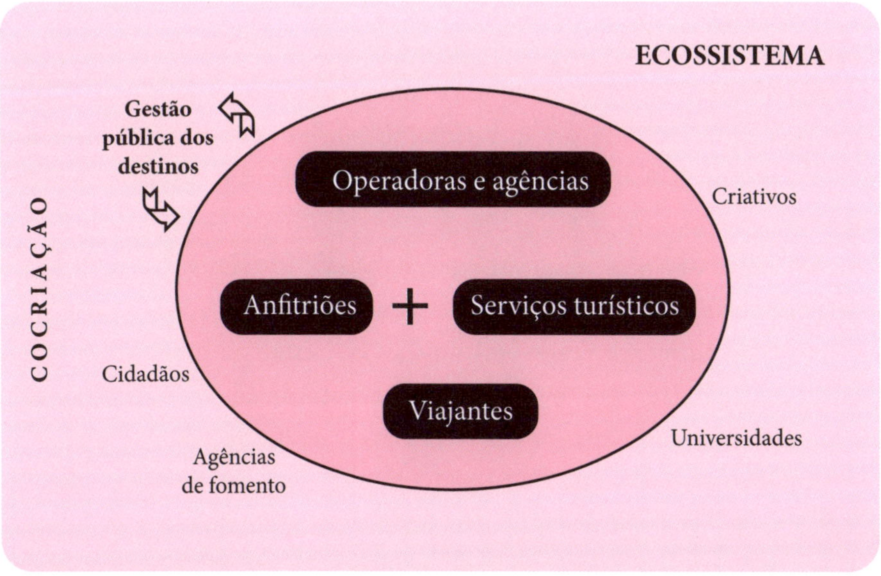

FIGURA 19. Estrutura do processo de organização em redes de aprendizagem e colaboração.

A figura 19 ilustra como o processo se dá: as iniciativas de turismo criativo representadas pelos anfitriões se juntam às operadoras e agências de turismo e aos serviços turísticos, como bares, restaurantes e hospedagem, trabalhando juntos para criar um ambiente criativo e inovador que favoreça toda a cadeia. Com esse movimento estabelecido, mobilizam a gestão pública, que oferece a estrutura necessária para que as iniciativas sigam se desenvolvendo. Também é possível ter a gestão pública como indutora do processo por meio de ações de estímulo ao desenvolvimento de iniciativas criativas como feiras, projetos de fomento, eventos de troca de conhecimento e políticas públicas que favoreçam o florescimento dessa ambiência – embora as iniciativas que começam nos atores locais tenham mais chances de sucesso do que as que são induzidas pelo poder público, resultado que se pode atribuir ao nível de envolvimento dos beneficiários na tomada de decisão.

Com um ambiente estruturado e vibrante, os viajantes chegam como consumidores e como cocriadores da cadeia de valor, se integrando a ela enquanto agentes ativos. Todos esses atores se envolvem em um processo de troca que se retroalimenta e que convida a todos que fazem parte do ecossistema a se juntarem aos desdobramentos. Com uma governança bem estabelecida, sempre que se revela necessário, a política pública é mobilizada, em um movimento cíclico de criação, nutrição, expansão, renovação, nutrição e novamente expansão, que gera desenvolvimento sustentável por estar ancorado na visão relacional integral.

Esse processo não se restringe à cadeia produtiva do turismo. Especificamente no caso do turismo criativo, ela pode envolver outros atores em maior ou menor grau – instituições que estão na órbita do turismo criativo –, dependendo do movimento e da maturidade das iniciativas, formando um ecossistema com potencial de beneficiar todos.

O turismo criativo é uma abordagem integrada ao local, sendo relacional e potencialmente transformadora para viajantes e comunidades residentes que têm em sua base alto grau de cuidado com os envolvidos. O conceito e sua forma de aplicação seguem amadurecendo; para tanto, é necessário melhorar continuamente a maneira como os projetos são planejados e gerenciados, e aprofundar o entendimento sobre como as iniciativas podem ser mais sustentáveis e sobre as implicações das relações visitantes-locais que a atividade proporciona. O turismo criativo precisa ser guiado por seu potencial transformador, que se manifesta ao estimularmos os processos de trocas, cocriação e compartilhamento. Assim, seguimos evoluindo.

REFERÊNCIAS

ALMEIDA, L. F. L. **Competência empreendedora de relacionamento**: mobilizando o capital social no processo de absorção de recursos. 2008. Dissertação (Mestrado) – Centro de Ciências Sociais Aplicadas da Universidade Federal de Pernambuco (CCSA-UFPE), Recife, 2008.

ALMEIDA, L. F. L. **Fundamentos do turismo criativo**. Recife: Bureau de Cultura, 2019. v. 1. (Série Formação em Gestão do Turismo Criativo [Curso EAD]).

ALMEIDA, L. F. L. O desenvolvimento do turismo criativo no Brasil: uma análise a partir dos planos de turismo criativo elaborados por instâncias governamentais. *In*: XVII SEMINÁRIO ANUAL DA ASSOCIAÇÃO NACIONAL DE PESQUISA E PÓS-GRADUAÇÃO EM TURISMO. **Anais** [...]. São Paulo: ANPTUR, 2020.

ALMEIDA, L. F. L. **Turismo criativo**: uma viagem por culturas, encontros e experiências. Rio de Janeiro: Bambual Editora, 2021.

BOSWIJK, A.; THIJSSEN, J. P. T.; PEELEN, E. **A new perspective on the experience economy**: meaningful experiences. Amsterdam: Pearson Education, 2005.

BRASIL. Governo do Distrito Federal. Secretaria do Estado do Esporte, Turismo e Lazer do DF. Secretaria Adjunta de Turismo. **Plano de Turismo Criativo de Brasília**. Brasília: Sebrae/DF, Escola de Criatividade, 2016. Disponível em: http://www.turismo.df.gov.br/wp-conteudo/uploads/2017/11/Plano-de-Turismo-Criativo_.pdf. Acesso em: 10 jul. 2022.

CARVALHO, R. M. F.; COSTA, C. M. M.; FERREIRA, A. M. A. P. Review of the theoretical underpinnings in the creative tourism research field. **Tourism & Management Studies**, v. 15, n. 1SI, p. 11-22, 2019.

CASTELLS, M. **A sociedade em rede**: a era da informação, economia, sociedade e cultura. 4. ed. São Paulo: Impresso Brasil, 2000.

CERQUEIRA, R. R. Governança compartilhada e desenvolvimento territorial. *In*: JORDAN, A. (org.). **IADH Atua**: referências para uma prática em desenvolvimento local/territorial. Recife: IADH, 2014.

CREATIVE TOURISM NETWORK. Presentation, missions & services. **Creative Tourism Network**, 2014. Disponível em: http://www.creativetourismnetwork.org/presentation/. Acesso em: 10 out. 2022.

DIAMANDIS, P. H.; KOTLER, S. **Abundância**: o futuro é melhor do que você imagina. São Paulo: H SM Editora, 2012.

DUXBURY, N.; RICHARDS, G. Towards a research agenda for creative tourism: developments, diversity, and dynamics. *In*: DUXBURY, N.; RICHARDS, G. **A research agenda for creative tourism**. United Kingdom: Edward Elgar Publishing, 2019.

EUROPEAN TRAVEL COMMISSION (ETC). **City tourism & culture**: the European experience. Brussels: ETC Research Report, 2005.

FLORIDA, R. **The flight of the creative class**: the new global competition for talent. New York: Collins, 2007.

FLORIDA, R. **The rise of the creative class**. New York: Basic Books, 2002.

JELINCIĆ, D. A. Splintering of tourism market: new appearing forms of cultural tourism as a consequence of changes in everyday lives. **Collegium Antropologicum**, v. 33, n. 1, p. 259-266, 2009.

JORDAN, A. (org.). **IADH Atua**: referências para uma prática em desenvolvimento local/territorial. Recife: IADH, 2014.

LANDRY, C. **The creative city**: a toolkit for urban innovators. London: Earthscan, 2000.

MELO, G. C. P; SILVEIRA, C. B. M.; DURÃO, A. F. A relação entre a busca de informação e a escolha do canal de distribuição nas compras dos serviços de viagem de Pernambuco. **Caderno Virtual de Turismo**, v. 18, n. 1, p. 205-222, 2018.

MOLINA, S. Turismo basado en el principio de abundancia. *In*: I COLOQUIO INTERNACIONAL SOBRE DINÁMICAS Y TENDENCIAS DEL TURISMO CONTEMPORÁNEO EN EL MARCO DE LA CÁTEDRA PATRIMONIAL SERGIO MOLINA. **Actas** [...]. Ciudad Juárez: Universidad Autónoma de Ciudad Juárez, 2009.

MOLINA, S. **Turismo creativo**: el fin de la competitividad. Santiago: Escritores, 2011.

MOMMAAS, J. T. **City, culture and identity**: the city as third space. Paper presented at the cultural policy and management conference. Istanbul Bilgi University, nov. 2009.

NEWBIGIN, J. **A economia criativa**: um guia introdutório. London: British Council, 2010. (Série Economia Criativa e Cultural/1).

O'CONNOR, J. **The cultural and creative industries**: a literature review. 2. ed. London: Creativity, Culture and Education, 2010. (Creativity, Culture and Education Series).

ORGANISATION FOR ECONOMIC CO-OPERATION AND DEVELOPMENT (OECD). Tourism and the Creative Economy. Paris: OECD Publishing, 2014. (OECD Studies on Tourism).

ORGANIZAÇÃO DAS NAÇÕES UNIDAS (ONU). Sobre o nosso trabalho para alcançar os Objetivos de Desenvolvimento Sustentável no Brasil. **ONU**, 2022. Disponível em: https://brasil.un.org/pt-br/sdgs. Acesso em: 10 jul. 2022.

PASCHINGER, E. Creative tourism marketing and social media management. *In*: DUXBURY, N.; ALBINO, S.; CARVALHO. C. P. **Creative tourism**: activating cultural resources and engaging creative travellers. Oxford/Boston: Cabi Books, 2021.

PINE, B. J.; GILMORE, J. H. **The experience economy**: work is theatre & every business a stage. Boston: Harvard Business Review Press, 1999.

PORTO ALEGRE (Município). Secretaria de Turismo de Porto Alegre. **Programa Porto Alegre Turismo Criativo**. Porto Alegre: [*s. n.*], 2013.

PRAHALAD, C. K.; RAMASWAMY, V. Co-creation experiences: the next practice in value creation. **Journal of Interactive Marketing**, v. 18, n. 3, p. 5-14, 2004.

RAWORTH, K. **Economia donut**: uma alternativa ao crescimento a qualquer custo. Rio de Janeiro: Zahar, 2019.

RAYMOND, C. Creative tourism New Zealand: the practical challenges of developing creative tourism. *In*: RICHARDS, G.; WILSON, J. (eds.). **Tourism, creativity and development**. London: Routledge, 2007.

RECIFE (Município). Secretaria de Cultura. **Regimento interno do Fórum de Turismo Criativo do Recife**. *In*: FÓRUM DE TURISMO CRIATIVO DO RECIFE, 1, Recife, 2020.

RECIFE CONVENTION & VISITORS BUREAU (RECIFE CVB). **Relatório final da Expovivências**. Recife: Recife CVB, 2020.

REIS, A. C. F. **Economia da cultura e desenvolvimento sustentável**: o caleidoscópio da cultura. Barueri: Editora Manole, 2007.

RICHARDS, G. **Co-designing experiences with consumers**: the case of creative tourism. Input for a Workshop on Experience Design. Tromsø, 27 May 2016a.

RICHARDS, G. Creative tourism and local development. *In*: WURZBURGER, R.; PATTAKOS, A.; PRATT, S. (eds.). **Creative tourism**: a global conversation. Santa Fe: Sunstone Press, 2009.

RICHARDS, G. Creativity and tourism: the state of the art. **Annals of Tourism Research**, v. 38, n. 4, p. 1225-1253, 2011.

RICHARDS, G. Creativity and tourism in the city. **Current Issues in Tourism**, v. 17, n. 2, p. 119-144, 2013.

RICHARDS, G. Eurotex: Trans-national partnership linking crafts and tourism. *In*: UNITED NATIONS WORLD TOURISM ORGANIZATION (UNWTO). **Joining forces**: collaborative processes for sustainable and competitive tourism. Madrid: UNWTO, 2010.

RICHARDS, G. Panorama of creative tourism around the world. *In*: SEMINÁRIO INTERNACIONAL DE TURISMO CRIATIVO. **Anais** [...]. Cais do Sertão, Recife, 7 dez. 2018.

RICHARDS, G. The challenge of creative tourism. **Ethnologies**, v. 38, n. 1-2, p. 31-42, 2016b. (Special issue on Creativity and mediation in tourism and heritage).

RICHARDS G. The role of gastronomy in tourism development. *In*: IV INTERNATIONAL CONGRESS ON NOBLE HOUSES: A HERITAGE FOR THE FUTURE. **Anais** [...]. Arcos de Valdevez, nov. 2014.

RICHARDS, G. **Tourism, creativity and creative industries**. Paper presented at the conference creativity and creative industries in challenging times. Breda: NHTV Breda, nov. 2012.

RICHARDS, G.; MARQUES, L. Exploring creative tourism: editors introduction. **Journal of Tourism Consumption and Practice**, v. 4, n. 2, p. 1-11, 2012.

RICHARDS, G.; RAYMOND, C. Creative tourism. **ATLAS News**, v. 23, p. 16-20, 2000.

RICHARDS, G.; WILSON, J. Developing creativity in tourist experiences: a solution to the serial reproduction of culture? **Tourism Management**, v. 27, n. 6, p. 1209-1223, 2006.

RICHARDS, G.; WILSON, J. (eds.). **Tourism, creativity and development**. London: Routledge, 2007.

RODRIGUES, S. L.; SOUZA, M. O papel da governança na regionalização do turismo. **Revista Brasileira de Ecoturismo**, São Paulo, v. 8, n. 2, p. 234-250, maio/ago. 2015.

SCITOVSKY, T. **The joyless economy**. Oxford: Oxford University Press, 1976.

SECRETARIA DE TURISMO, ESPORTES E LAZER (SETUR-L). **Recife**: plano do turismo criativo – 2019-2021. Recife: Cartonera Aberta, 2018. Disponível em: http://turismocriativo.visit.recife.br/wp-content/uploads/2019/05/plano_turismo_criativo.pdf. Acesso em: 10 jul. 2022.

SILVA, J. P. **Trajetórias do turismo de base comunitária no Brasil**: romantização, conflitos socioespaciais e proposta de avaliação. 2021. Tese (Doutorado) – Universidade Federal de Pernambuco, Recife, 2021.

SILVA, J. P.; ARAUJO, C. P. Turismo de base comunitária e produção do espaço na comunidade da Ilha de Deus, Recife-PE. **Caderno Virtual de Turismo**. Dossiê temático Turismo, Natureza e Cultura: diálogos interdisciplinares e políticas públicas. Rio de Janeiro, v. 18, n. 3, p. 72-87, dez. 2018.

TAN, S. K.; KUNG, S. F.; LUH, D. B. A model of "creative experience" in creative tourism. **Annals of Tourism Research**, v. 41, p. 153-174, 2013.

TAN, S. K.; KUNG, S. F.; LUH, D. B. A taxonomy of creative tourists in creative tourism. **Tourism Management**, v. 42, p. 248-259, 2014.

TRIGO, L. G. G. A viagem como experiência significativa. *In*: NETTO, A. P.; GAETA, C. (orgs.). **Turismo de experiência**. São Paulo: Senac, 2010.

TUCKER, H. Empathy and tourism: limits and possibilities. **Annals of Tourism Research**, v. 57, issue C, p. 31-43, 2016.

UNITED NATIONS CONFERENCE ON TRADE AND DEVELOPMENT (UNCTAD). **Creative Economy – Report 2008**. New York: UNCTAD, 2008. Disponível em: https://unctad.org/system/files/official-document/ditc20082cer_en.pdf. Acesso em: 10 jul. 2022.

UNITED NATIONS CONFERENCE ON TRADE AND DEVELOPMENT (UNCTAD). **Creative Economy – Report 2010**. New York: UNCTAD, 2010. Disponível em: https://unctad.org/system/files/official-document/ditctab20103_en.pdf. Acesso em: 10 jul. 2022.

UNITED NATIONS EDUCATIONAL, SCIENTIFIC AND CULTURAL (UNESCO). **Towards sustainable strategies for creative tourism**: discussion report of the planning meeting for 2008 International Conference on Creative Tourism. Santa Fe, New Mexico, Oct. 25-27, 2006. Disponível em: http://unesdoc.unesco.org/images/0015/001598/159811e.pdf. Acesso em: 10 jul. 2022.

UNITED NATIONS WORLD TOURISM ORGANIZATION (UNWTO). **Affiliate Members Global Report**, v. 4 – Global Report on Food Tourism. Madrid: UNWTO, 2012. Disponível em: https://www.e-unwto.org/doi/book/10.18111/9789284414819. Acesso em: 10 jul. 2022.

UNITED NATIONS WORLD TOURISM ORGANIZATION (UNWTO). Secretary General Statement. **Message from Madrid**: trust is the new currency. Madrid: UNWTO, 2020. Disponível em: https://webunwto.s3.eu-west-1.amazonaws.com/s3fs-public/2020-05/200501SGStatemenEN.pdf. Acesso em: 10 jul. 2022.

WAHL, D. C. **Design de culturas regenerativas**. 2. ed. Rio de Janeiro: Bambual Editora, 2020.

ZAPATA, T. (org.). **Gestão participativa para o desenvolvimento local**. Recife: Cooperação Técnica BNDES/PNUD, 2000.

Sites sugeridos

Barcelona Creative Tourism
https://www.barcelonacreativa.info/

Creative Tourism Network
http://www.creativetourismnetwork.org/

Creatour
https://creatour.pt/

Doughnut Economics Action Lab
https://doughnuteconomics.org/

O Galo da Madrugada
http://www.galodamadrugada.com.br/historia-br/

Plano de Turismo Criativo de Brasília
http://www.turismo.df.gov.br/wp-conteudo/uploads/2017/11/Plano-de-Turismo-Criativo_.pdf

Plano de Turismo Criativo do Recife/Seminário Internacional de Turismo Criativo – Relatório Geral
http://turismocriativo.visit.recife.br/wp-content/themes/turismo-criativo/download/relatorio_geral_seminario_internacional_turismo_criativo-ilovepdf-compressed.pdf

Plano do Turismo Criativo (Recife)
http://turismocriativo.visit.recife.br/wp-content/uploads/2019/05/plano_turismo_criativo.pdf

Porto Alegre Criativa
http://lproweb.procempa.com.br/pmpa/prefpoa/inovapoa/usu_doc/poa_criativa_vweb.pdf

Recria
https://www.recriabrasil.com/